Architectes de l'Urgence

Un nouveau métier de l'humanitaire

© L'Harmattan, 2007
5-7, rue de l'École polytechnique ; 75005 Paris

http://www.librairieharmattan.com
diffusion.harmattan@wanadoo.fr
harmattan1@wanadoo.fr

ISBN : 978-2-296-03836-3
EAN : 9782296038363

Patrick Coulombel

Architectes de l'Urgence

Un nouveau métier de l'humanitaire

L'Harmattan

Préface

Quelle belle aventure que celle des Architectes de l'Urgence !

Une aventure marquée par le dynamisme de tous et un engagement qui ne s'est jamais démenti avec le temps.

Une aventure collective portant haut la générosité des architectes dans un monde professionnel marqué bien souvent par un individualisme forcené.

De la Somme au Sri Lanka, en passant par Toulouse ou Bam, ce livre nous conte les difficultés, les espoirs, les luttes, les succès mais aussi les échecs qui marquèrent les débuts de ce projet de solidarité.

Que de souvenirs pour nous tous qui de loin ou de près ont participé à sa naissance et à son développement.

Des premières rencontres entre confrères d'horizons culturels et politiques si divers, dont l'esprit aurait pu rappeler aux plus anciens celui des prémices de la résistance, au développement et à la structuration actuelle de l'association, que de travail accompli, parfois même au prix de heurts qui n'ont fort heureusement pas résisté au temps.

Et puis au milieu de tous, Patrick, le plus jeune, sorte de Tintin du XXIème siècle équipé à la façon d'Indiana Jones, s'est inlassablement activé pour coordonner, donner les impulsions nécessaires et ramener toutes les imaginations à une réalité de terrain qu'il a toujours parfaitement maîtrisée.

Le succès des Architectes de l'Urgence doit beaucoup à son talent d'organisateur, d'animateur, à son dynamisme et aussi à cette « manière » d'associer les architectes locaux au dispositif général chaque fois que la situation le permettait.

Mais Patrick sait parfaitement, comme nous tous, que cette réussite est avant tout le fruit d'un travail collectif, auquel il rend indéniablement honneur à travers l'ensemble de son récit.

Ce parcours jusqu'à présent principalement français mérite désormais de se construire avec une dimension plus européenne. Nous nous y attachons, certains que, le projet des Architectes de l'Urgence s'inscrit pleinement dans un idéal culturel partagé qui participe à forger une identité européenne encore à trouver.

Bravo et merci à Patrick pour cet ouvrage qui, à travers un récit personnel, s'inscrit avec intelligence dans une volonté de communiquer au plus grand nombre les « riches heures » de la solidarité des architectes.

JF SUSINI, Président du Conseil des Architectes d'Europe.

Préface 7

Avant-propos 13

Première partie : l'origine..19

Avril 1983 : la longue route..21
Le grand métier : les leçons de vie 26
Architecte : pourquoi pas ?...30
Août 1999, Turquie : le sentiment d'impuissance...........33
Soyons de vrais « pros » : le travail c'est le talent 34
Mai 2000 : vive la démocratie !..35

Deuxième partie :
premières interventions..41

Mars 2001 : les inondations dans la vallée de la Somme 43
7 juillet 2001 : les effondrements du haut plateau picard.........49
11 septembre 2001 : sale journée ! 51
21 septembre 2001 : AZF Toulouse, 230 personnes au travail......52
Novembre 2001 : inondation à Bab el Oued....................59

Troisième partie :
2002, mise en place des processus d'intervention 65

Mars 2002 : Afghanistan, découverte du monde humanitaire.......67
Juillet 2002 : Congrès de l'Union Internationale des Architectes à Berlin 73
Août 2002 : Inondations en Europe de l'Est....................76
Septembre 2002 : inondations torrentielles dans le Gard............81

Quatrième partie :
2003, une année difficile 85

1er mai 2003 : tremblement de terre au Kurdistan turc 87
21 Mai 2003 : tremblement de terre en Algérie...............89
Décembre 2003 : inondations dans le sud de la France.................94
26 Décembre 2003 : tremblement de terre en Iran 97

Cinquième partie :
2004, sur tous les fronts 103

24 février 2004 : tremblement de terre dans le Rif marocain 105
Australie : nos amis des antipodes 110
Charles de Gaulle 2 E : être là où il ne faut pas ! 114
Juillet 2004 : Bangladesh 116
Septembre 2004 : cyclone à Grenade, tempête tropicale en Haïti
 123

Sixième partie :
développement de la structure 129
26 Décembre 2004 131
Indonésie : reconstructions d'urgence 133
Sri Lanka : plus difficile qu'il n'y paraît ! 144
Thaïlande : notre devoir 153
Juillet 2005 : Congrès d'Istanbul 155
Septembre 2005 : 5000 logements en France 156
Octobre 2006, Pakistan : les oubliés du Cachemire 160

Septième partie
Le travail d'équipe 167

Juin 2006 : tremblement de terre au pied du Mérapi à Java 169
Juillet 2006 : la douceur de la grande île de Madagascar 174
Eté 2006, Liban : la guerre d'intox 178
Les Amériques : USA/Mexique 183

Personnes citées dans cet ouvrage 199
Remerciements 203

*À tous les architectes, ingénieurs, journalistes,
bénévoles, stagiaires, salariés, et donateurs
qui ont contribué aux actions
des Architectes de l'urgence dans le monde entier.*

Avant-propos

La liberté est la seule belle idée qui m'ait fait exister et avancer ; sans elle, j'ai la forte impression que la vie m'aurait été insupportable.

D'esprit plutôt libre, volontaire dans mes actes, j'ai su, depuis toujours, trouver l'énergie nécessaire pour faire ce qui me semblait bon, ce qui signifie essayer de faire des choses « bien », dans la mesure du possible, en mettant tous les moyens en oeuvre afin d'aboutir à cet objectif ultime qu'est la réalisation d'une idée. Par choix, je réalise plutôt ce qui me semble bien... mais loin de moi l'idée de posséder la vérité sur tout !

"Liberté", cela signifie aussi être responsable de soi-même et des autres, assumer fermement la totalité des responsabilités, des ennuis, des choix et bien évidemment des conséquences de tous ces choix. Jusqu'à présent, les seuls vrais moments de liberté que j'ai eus, c'était en mer lorsque je naviguais en solitaire ; à terre, j'ai eu assez peu de moments de plénitude, sauf peut-être quelquefois lors de « treks » en montagne, expériences angoissantes pour certains, qui font peur à beaucoup d'entre nous ; c'est peut-être là où, personnellement, je suis le plus à l'aise et bien trop rares sont ces moments à mon goût.

La liberté c'est peut-être aussi la possibilité de faire avancer les choses dans le bon sens, de travailler à ce concept de liberté, la vraie grande valeur fondamentalement importante de la devise de la République française, les deux autres étant l'égalité (une utopie ?) et la fraternité (normalité théorique) évidente pour moi. Bien souvent, je constate que trop de gens ne mesurent pas la chance d'être un pays où ils ont la liberté d'aller voter (ce qu'ils ne font pas), d'aller où bon leur semble (et c'est pour cela qu'ils restent chez eux s'octroyant une liberté restreinte), de penser et de s'exprimer ce qui parfois malheureusement laisse aussi s'exprimer les anti-démocrates, les intégristes et les sots... Je m'interroge encore sur l'excès de démocratie !

Je pense que les choses les plus importantes que j'ai apprises dans ma vie, je les ai acquises dans mon enfance dans une petite ville du Nord de la France grâce au contact de la nature et de tout ce qui s'y rattache.

Par un extraordinaire privilège, tout gosse, j'ai eu sous les yeux une rivière au bout du jardin familial. Pour moi, c'était une chance et cela m'a ouvert l'esprit de façon plus importante que les explications théoriques que j'ai subies parfois avec ennui. En effet, avec l'élément liquide, on apprend la puissance, on écoute l'eau, on la touche, on la regarde tout simplement et on y voit la vie si on observe bien (tous les pêcheurs vous le diront) ; sans oublier les odeurs qui s'en dégagent en fonction des saisons : odeurs de la végétation qui la borde, des poissons et parfois même des pollutions qu'elle peut charrier et auxquelles elle réagit immédiatement.

De là, très certainement, est né mon intérêt constant pour l'eau en général (ainsi que pour la Nature tout entière) et pour la mer en particulier. Dans la Nature, j'ai vu tellement de choses étonnantes pour l'enfant que j'étais. Je me souviens des débordements quasi annuels de la rivière ; on s'habitue tout simplement à remonter les « patates » de la cave ; c'est ce que l'on appelle la mitigation du risque sur les denrées périssables (« humour ! »)... c'est vivre avec le risque tout simplement !

Les astres infiniment grands, les distances inouïes qui nous séparent d'eux, l'immensité de l'Univers et son incroyable organisation... : toutes ces choses assez difficiles à comprendre pour l'enfant comme pour l'adulte que je suis devenu, j'ai toujours trouvé cela fascinant et extraordinaire.

De l'infiniment grand à l'infiniment petit, dans sa complexité et son organisation, la Nature m'a ouvert les yeux sur le Monde ; elle m'a aussi donné la totalité des doutes que l'on peut avoir sur notre existence même.

Passionné par les pierres depuis très longtemps, n'ayant aucune compétence particulière dans ce domaine, j'ai tardivement (à la trentaine bien sonnée) essayé de me spécialiser dans la connaissance des pierres précieuses. Je voulais comprendre ce qu'est capable de faire cette extraordinaire mère Nature : des choses extravagantes, passionnantes, admirablement belles. La Nature s'offre des libertés, elle est à la fois très structurée, très aguichante et surprenante.

Dès que j'ai eu les moyens de m'offrir une vraie formation en gemmologie, j'ai « foncé » afin d'accéder à de réelles connaissances dans ce domaine qui me fascinait : être capable d'identifier un tas de cailloux, de séparer les saphirs des diamants, des « pierres d'aquarium » et des tourmalines. Ce fut un régal de connaissances, une révélation de lumière, de réfraction, d'inclusion... Que la nature est belle !

La tectonique des plaques et la géologie sont des notions que j'ai abordées dès mon jeune âge grâce à mon vieux copain de lycée Pierre Antoine. Avec ce géologue devenu chercheur au CNRS - un de ceux qui « trouvent » - j'ai passé une grande partie de ma jeunesse à courir les mers sur de drôles d'engins « mi-bateaux, mi-oiseaux ». De la terre à la mer, il n'y a qu'un pas que je me suis empressé de franchir pour goûter la liberté sur l'océan (le summum de l'égoïsme) : quel plaisir de naviguer en solitaire !

Je n'ai absolument aucun regret, bien évidemment, de cette époque car j'y ai tout appris sur ma capacité d'anticiper, d'accepter l'effort, de comprendre la Nature et de la prendre comme elle est.

La mer, surtout sa puissance incroyable, m'impressionne toujours autant. C'est tellement beau une tempête en mer, magnifique de couleurs, incroyable de violence, instantané de changements et pourtant si difficile à accepter dans sa rudesse ; nous y avons laissé trop d'amis qui, comme nous, étaient partis pour s'amuser, contents de traverser l'océan pour le plaisir et qui ont trouvé là-bas leur dernière demeure... C'est peut-être bien comme cela que je voudrais finir, pourtant...

Après avoir navigué pendant plus de 15 ans sur tout ce qui flotte et qui avance à peu près bien, multicoques ou monocoques, j'ai lâché (momentanément) la course au large après avoir participé à deux éditions de la Route du Rhum avec des fortunes de mer, une transat en double, deux tours des îles Britanniques et de nombreuses autres courses où j'ai toujours essayé de faire le maximum de ce qu'exige la mer.

À l'occasion de toutes ces navigations, j'ai connu au fur et à mesure différents continents, j'ai rencontré des gens, j'ai eu l'extraordinaire privilège de vivre une passion qui coûte un argent fou et pour laquelle j'ai sacrifié beaucoup. Bon sang ! Que c'était bon quand même !

En 1998, suite à mon abandon prématuré dans la Route du Rhum, j'ai voulu couper les ponts avec la voile, du moins momentanément, et j'ai essayé de participer à une activité qui m'intéressait depuis très longtemps : le raid multisports.

J'avais commencé le sport très jeune : le cyclisme pendant de nombreuses années, ce qui m'a coûté un certain nombre de fractures, du cross country, du karaté... de la voile. J'ai eu envie de changer d'air et de partir vers une aventure (si toutefois cela existe encore), cette fois-ci en groupe ; le « Raid Gauloises » en 2000 fut pour moi une extraordinaire occasion de découvrir l'Himalaya, le Tibet et le Népal : un voyage magnifique. J'ai aussi compris que la voile est un des sports les plus durs que j'ai pratiqués jusqu'à présent : en mer, impossible de s'arrêter, impossible de refuser la réalité, impossible de manger parfois ; c'est la survie à l'état pur, l'homme à son niveau c'est-à-dire souvent pas grand-chose... Aussi sympa et agréable que soit le "sport aventure" tel que le "Raid Gauloises", jamais je n'ai connu autant de sensations que sur la mer, jamais autant de liberté non plus.

En montagne pourtant, il existe de réelles aventures sportives et aussi extrêmes qu'en mer ; la haute montagne, c'est enthousiasmant ; les discussions avec les montagnards sont très proches de celles que l'on peut avoir avec les marins ; ces deux mondes sont à la fois très éloignés et pourtant si semblables, tout simplement parce qu'ils sont purs, rudes et beaux.

C'est dans le sport que j'ai appris à respecter l'autre, l'adversaire qui gagne. Je l'accepte mais je me bats jusqu'au bout pour ne jamais céder au concurrent une victoire facile, mais je veux être fair-play pourtant. Il est fort probable que sans le sport j'aurais été délinquant. J'ai acquis dans les disciplines sportives les valeurs morales essentielles à l'homme dans la société, et j'essaie de les mettre en pratique.

Le sport m'a simplement appris la vie. Il a forgé mon caractère : ne jamais faire voir que l'on souffre pour ne pas renforcer son adversaire, sourire lorsque c'est dur pour montrer sa force et parler ou chanter lorsque tout le monde est essoufflé. J'ai appris surtout que le travail est la clé essentielle du résultat, le talent n'existant pas vraiment sauf chez de très rares individus dont je ne fais pas partie. Je suis sûrement dans le sport ce que l'on appelle une teigne : ne jamais lâcher, se battre jusqu'au bout... Tu t'arrêtes quand tu ne peux plus, et tu gères la situation, tu essayes d'arriver et tu ne te relèves jamais avant la ligne d'arrivée, jamais !

Partir en mer a souvent été pour moi comme partir à la guerre. Je considérais que tout le matériel se trouvant sur le pont d'un bateau était potentiellement perdu, si je l'avais mal amarré.

Avec un état d'esprit « guerrier », j'ai affronté beaucoup de difficultés en augmentant le niveau au fur et à mesure des épreuves, tout en gardant une marge de sécurité suffisante pour rentrer vivant. Les images de guerre ont marqué ma jeunesse, mon père ayant participé à la dernière grande défaite française, celle de Dien-Bien-Phu ; mon enfance a baigné dans la souffrance provoquée par cet incroyable bain de sang. Je n'ai jamais su me positionner politiquement, mais je considère certains partis politiques extrémistes, de gauche comme de droite, dangereux pour la société : mon père a subi, comme prisonnier après la chute de Diên Biên Phu, les effets du totalitarisme « de gauche », et les parents italiens de ma mère ceux du fascisme de Mussolini - de droite - à la fin des années vingt !

C'est simple : les extrémistes, les intolérants, les idéologues dépassés m'ennuient, ne m'intéressent pas ! Je ne souhaite pas les trouver sur ma route...

Revenir de la mer, ce n'est jamais facile non plus ; il faut accepter de retrouver la petitesse de l'Homme, les bassesses du quotidien qui font que l'Homme est l'Homme.

J'ai toujours beaucoup de difficultés lorsque je rentre d'un périple relativement long à reprendre le cours de la vie « normale » ; je suis souvent un peu perdu, agacé et écorché par la réalité du "monde des terriens".

Alors, après avoir vécu pour moi seul toutes ces années folles où j'ai navigué et voyagé essentiellement pour mon plaisir, j'ai tout naturellement essayé de penser un peu aux autres, un « reliquat » de mon éducation catholique, sans doute...

La continuité logique de ce que j'avais fait jusque-là était maintenant claire. Je n'avais aucune prédisposition particulière : tout simplement l'envie d'agir par humanisme, être utile aux autres.

Le métier d'architecte n'était pas celui qui me convenait a priori le mieux : trop lent, trop administratif, trop intellectuel et sans reconnaissance vraiment...

Je n'avais pas trouvé non plus dans l'humanitaire existant une structure correspondant à l'image que je m'en faisais. J'avais sûrement, avant d'autres, pressenti que l'urgence en architecture pouvait s'imposer. Pendant ces cinq dernières années, avec les quelques compétences que m'ont apportées mes différentes expériences, je me suis efforcé de mettre en place une structure d'urgence afin d'être utile aux autres.

Première partie : l'origine

Avril 1983 : la longue route

Sans être vraiment aventurier, j'ai toujours voyagé avec les moyens dont je disposais : à 20 ans, c'était plutôt l'auto-stop que le train ; je n'avais pas de voiture évidemment. Pendant un de mes fréquents allers-retours entre la Bretagne et ma Picardie natale, j'ai rencontré en auto-stop des quantités incroyables de gens, plus ou moins sympathiques, qui parfois m'ont aidé en m'offrant le gîte et le couvert ou simplement un café ou une bière...

En Normandie, près de Caen, j'ai le souvenir précis de cet après-midi d'avril où j'attendais, les pieds gelés, sous les giboulées de neige, qu'un généreux automobiliste veuille bien m'avancer de quelques kilomètres. Enfin, une petite "bagnole" bleu métallisé s'arrête : chouette, un coupé Alfa Roméo ! À l'intérieur, un jeune type d'une bonne vingtaine d'années qui allait à Cherbourg, ma destination finale. Jérôme était quelqu'un de très ouvert ; de plus, il pratiquait la voile. Le courant s'établit très vite entre lui, gosse de riche en bagnole de sport, et moi, jeune navigateur en guenilles sans un sou en poche. Malgré la grande différence de milieux sociaux, nous avons rapidement sympathisé. En parlant de voile pendant le trajet, nous avons évoqué nos histoires respectives, lui étudiant dans une grande école d'architecture parisienne, et moi essayant vainement de passer mon bac tout en n'ayant en tête que des rêves de voyages et de grands espaces.

Il me dépose près de Cherbourg, là où je dois prendre mon prochain embarquement. Quant à lui, il partait en croisière sur son petit bateau pour quelques jours, et nous avons donc convenu de nous revoir rapidement.

À Cherbourg, le bateau sur lequel j'embarque est de taille très raisonnable et très confortable. Je suis assez vite à mon aise à bord. Le plus difficile, pour moi, ce sont toujours les rapports avec le reste de l'équipage, à savoir le skipper officiel, sa compagne, et aussi ses innombrables amis, autant à l'aise sur un bateau qu'une meute de chiens au milieu d'un jeu de quilles. Bien souvent, lors de ce type d'embarquement, les surprises sont grandes, les gens assimilant très facilement bateau de croisière à un appartement ce qui n'est pas tout à fait semblable ; il n'est pas imaginable par exemple, d'installer des pots de fleurs, une nappe sur la table, et de toujours manger assis bien confortablement... Ces gens non avertis confondent souvent la vie dans le milieu maritime hostile avec celle qu'ils connaissent dans un appartement cossu de Paris. Par manque d'expérience, ils sont nombreux ces citadins à arriver dans les ports de plaisance avec l'image idyllique des filles en train de se faire bronzer en string sur le pont, des cocktails dans le carré et d'autres rêves... En Manche, à Cherbourg, au mois d'avril... c'est plutôt giboulées de neige, grains noirs, froid et humidité... et ça coûte beaucoup d'argent, mais on appelle cela la plaisance !

Ce qui est drôle sur cet embarquement, c'est que l'ambiance est plutôt très bonne, mon rôle est de faire avancer le bateau dans les conditions les meilleures, le plus confortablement possible, en sécurité maximum... tout en essayant de sauvegarder la joie et la bonne humeur de tous. Un peu comme dans "vol au-dessus d'un nid de coucous", nous partons donc en balade pour une navigation d'une cinquantaine de milles nautiques, destination Guernesey. Le groupe rigolant et parlant fort, parfois chantant, la sortie de port s'effectue sans encombre, hormis la brise fraîche qui fouette déjà nos visages.

La passe Ouest franchie, un fort clapot nous empêche de progresser rapidement, et secoue l'ensemble de l'équipage qui se met à blêmir en quelques minutes. Les conditions sont tout à fait navigables, mais le froid, la fatigue et les mouvements très secs du bateau rendent la navigation très inconfortable. Très vite, un de nos compagnons de mer commence à vider tout ce qu'il a dans le corps par-dessus le liston[1] ; il a le visage pâle de l'homme malade et prêt à mourir, les autres n'en mènent pas large non plus. Après une demi-heure de supplice, le chef de bord demande à l'équipage de faire un choix, l'alternative étant de le jeter par-dessus bord en continuant notre périple ou de faire demi-tour. À mon grand regret, nous faisons donc demi-tour, non pas que j'aurais aimé passer le malade par-dessus bord, mais plutôt qu'on le mette au chaud dans sa bannette[2] et que l'on puisse se balader un peu. Notre brave malade, dès l'arrivée au port, reprend très vite ses esprits, nous raconte son aventure incroyable, et je comprends de quel monde il venait. Impresario d'un certain nombre de grands chanteurs

---

[1] Rambarde permettant de ne pas tomber à la mer.
[2] Bannette : couchette ou hamac sur un bateau

français, non averti des inconvénients de la navigation, il était arrivé sur le bateau « la fleur au fusil » prêt à s'amuser un peu en faisant du sport : il avait été servi ! La mer met l'homme à sa vraie place, nous ne sommes pas grand-chose...

Fort de cette grande aventure maritime, l'ensemble de ce magnifique équipage à l'unanimité moins une voix, la mienne, décide de reprendre la route vers Paris afin de pouvoir revenir à la vie dans la "jet set". Pour ma part, le retour à la réalité est simple : parcourir de nouveau six cents kilomètres en auto-stop pour rentrer chez moi, après avoir navigué un après-midi ! La vie fait parfois mal les choses, et surtout pour les plus « fauchés »...

Je quitte donc mes sympathiques compagnons d'infortune, et je reprends la route afin de rejoindre Jérôme[1] à une cinquantaine de kilomètres de là, toujours en stop, le grand moyen de transport peu onéreux pour personnes sans ressources financières.

Quand je le retrouve, il me propose de venir chez lui, dans sa jolie campagne normande à 200km de Caen, ce que j'accepte sans hésiter. Durant le voyage de retour, on parle beaucoup d'un certain nombre de choses, de la vie, de ses études, de ma passion pour la voile et de mes ambitions ; honnêtement, il me confie qu'il est assez admiratif de ce que je fais en bateau et il propose de m'aider, m'assurant qu'il le ferait avec grand plaisir si je le souhaitais. À l'époque, j'étais un jeune gars de 19 ans, passionné par la course au large, n'ayant qu'une envie : naviguer sur tout ce qui bouge sur l'eau, parcourir les océans, sortir de ma verte campagne picarde... Au cours de cette longue discussion, je me souviens très précisément de sa suggestion : « Pourquoi ne fais-tu pas "archi" comme moi, c'est un travail passionnant, c'est génial !!! ».

Sur le moment, je n'ai pas répondu franchement ; j'ai à peine acquiescé, à mi-voix... Par la suite, ça m'a fait beaucoup réfléchir, et je me suis dit : « Pourquoi pas ? »

Cette rencontre avec Jérôme m'a ouvert l'esprit sur le métier que j'allais faire plus tard ; je suis tombé sur un type sympa, étudiant en architecture ; peut-être que s'il avait été étudiant en médecine ou croque-mort, j'aurais eu une destinée tout autre...

Tout naturellement, j'ai revu Jérôme lorsque j'ai commencé mes études en architecture. Comme il me l'avait promis, il se débrouilla pour m'héberger à Paris, dans un petit studio rue Saint-

---

[1] Jérôme est l'étudiant en Alfa Roméo que j'avais rencontré quelques jours plus tôt.

Jacques, dans le cinquième arrondissement : un grand bond géographique pour un gosse de la campagne.

En juin 1983, j'ai raté mon bac avec brio : plus souvent en bateau qu'à l'école, j'étais devenu la hantise des proviseurs et administrateurs des établissements scolaires que j'ai (peu) fréquentés.

Heureux de ne plus avoir à mettre les pieds dans un lycée, je prends l'initiative de trouver des embarquements pour aller le plus loin possible via la bourse des équipiers de France Inter. Parmi un certain nombre de propositions, l'une d'elles retient particulièrement mon attention ; il s'agit de convoyer un bateau de Méditerranée en Afrique noire. Enfin, du dépaysement !

Le convoyage a été long, semé d'embrouilles, de pannes ; nous avons même failli couler au large du Libéria mais nous arrivons à Lomé, au Togo, au bout d'un long voyage. Le contact avec l'Afrique est une réelle révélation pour moi, et même un vrai choc : comment ne pas aimer des choses si différentes, des gens si attachants, des couleurs si belles. Je suis sorti de là, des histoires plein la tête...

Le retour en France est difficile : froid, pas de travail, pas de diplômes. La seule solution que je trouve est un travail en intérim. J'essaye, dans le même temps, de préparer le bac en suivant des cours par correspondance (merci, le Centre National d'Enseignement par Correspondance !).

Mon premier contact avec le bâtiment a donc été celui de manœuvre. Les tâches difficiles, éreintantes, m'apprennent néanmoins les rudiments du métier. J'observe la compétence des compagnons, le savoir-faire des chefs, le rôle du maître d'ouvrage, de l'architecte... Bref ! Je fais connaissance avec la vie de chantier. Ce passage de quelques mois dans le bâtiment m'a appris à respecter ces gens qui font un métier difficile et ô combien utile et parfois dépourvu de toute reconnaissance. Très souvent, lorsqu'un élève est médiocre, il se retrouve à la sortie de sa scolarité en apprentissage, dans le bâtiment par exemple. C'est une approche dévalorisante des métiers manuels.

Le pire des métiers que j'ai faits par la suite est le travail à la pièce : l'assemblage de butées d'embrayages pour des voitures ; cela consistait à assembler des pièces, le plus vite possible, pour être payé le mieux possible. Ce boulot m'a donné la nausée, j'étais complètement incapable de m'y trouver bien, ne serait-ce que deux minutes. Heureusement, pendant les pauses, j'étudiais les formules mathématiques, de physique ou une autre partie du programme du bac. Je n'avais qu'un objectif : quitter cet emploi et essayer de trouver un travail intelligent.

J'ai décroché le bac avec 12 de moyenne, et sans me poser de questions je suis allé immédiatement m'inscrire en école d'architecture, celle que fréquentait Jérôme à Paris-Belleville. À ma grande stupéfaction, ils m'ont accepté. Étant donné le niveau que j'avais, les bulletins scolaires et les appréciations plutôt défavorables, il n'y avait qu'en "archi" que je pouvais aller!!!...

J'ai un souvenir très précis lors de mon retour, de la réflexion que j'avais menée sur la manière de faire ce métier d'architecte. Je ne me suis jamais imaginé avec un attaché-case, un costume cravate... Je rêvais alors d'intervenir sur les lieux de tremblements de terre et de grandes catastrophes pour aider les pauvres gens qui ont tout perdu à reconstruire. Je me voyais comme une espèce de « médecins sans frontières à la sauce architecte ».

À ce moment précis, l'idée m'a donc effleuré mais sans se conceptualiser : un autre métier d'architecte peut exister, celui d'architecte qui travaille pour l'urgence. C'est ce métier que j'ai envie de faire, et non pas celui de "businessman".

L'idée d'"Architectes de l'Urgence" est née à ce moment-là dans mon esprit.

Le grand métier : les leçons de vie

Parmi toutes les expériences que j'ai eues, c'est la vie en mer qui m'a apporté le plus ; le regard que je porte sur la vie n'est pas celui d'un terrien, c'est celui d'un homme qui regarde devant, anticipe et essaie de comprendre son environnement. Cette extraordinaire formation que donnent la mer et son environnement est très loin de ce que l'on peut apprendre dans le milieu scolaire.
Le "*grand métier*", c'est pour moi le métier de marin, que ce soit sur un navire de commerce, sur un bateau de pêche ou pour les plus chanceux en course au large. C'est, à mes yeux, un métier noble parce qu'il côtoie la liberté, la nature, l'immensité et la force de celle-ci. J'ai donc eu l'extraordinaire chance de naviguer sur de drôles d'engins à plusieurs coques, catamaran ou trimaran.
La mer m'a appris l'humilité, et m'a révélé mes capacités à supporter, à réagir et à prévoir ; en mer, tout doit être anticipé et tous les scénarios possibles et imaginables doivent être envisagés, du meilleur au plus catastrophique. L'une des choses que j'ai le plus de mal à accepter, c'est tout simplement le risque de collision avec les autres bateaux, une espèce de phobie qui me taraude encore aujourd'hui. Durant mes nombreuses traversées de la Manche dans le brouillard, j'ai eu, à de nombreuses reprises, de grosses frayeurs en frôlant des mastodontes de ferraille de 200 mètres de long. En traversant l'Atlantique, les peurs sont différentes et surtout rétroactives, notamment lorsque je me suis rendu compte que les officiers de quart sur les navires de commerce ne vérifient les collisions potentielles qu'avec les navires de grande taille. Par ailleurs, les contrôles radars au large sont plus qu'aléatoires. En solitaire, le risque de collision avec un navire de commerce est une probabilité dont il faut tenir compte ; il faut vivre avec cette angoisse. On peut aller se coucher et essayer de dormir, et se réveiller en sursaut face à l'un de ces monstres.

En mer, j'ai pris l'habitude de ne dormir que d'un oeil, me réveillant en sursaut au moindre mouvement suspect du bateau ou bondissant sur le pont au plus faible bruit. J'ai appris à gérer ce stress permanent qu'est la navigation en solitaire ou en double. J'ai également acquis la notion de survie, la faculté d'anticiper ce qui pourrait se produire de pire... Un homme qui tombe à la mer est la plus grande des catastrophes mais, si on y est préparé, en équipage ou en double, une petite chance de survie demeure. Par contre, en solitaire, quitter le navire, c'est mourir et cela prendra plus ou moins de temps en fonction de la température de l'eau, des conditions climatiques, etc. Pour la majorité des gens, que l'on puisse vivre en mer avec ces angoisses paraît complètement aberrant et peu épanouissant. Cependant, les mêmes personnes sont fascinées par les skippers qui prennent le départ d'une course comme la Route du Rhum, parce qu'elles ont l'impression d'être en face d'hommes et de femmes hors du commun, capables d'affronter les situations les plus difficiles.

J'ai vécu à plusieurs reprises le regard des autres, certains fascinés par le parcours réalisé et d'autres, plus tordus, me considérant comme déjà perdu en mer.

En 1990, lorsque j'ai participé à ma première Route du Rhum, j'ai compris que je serai seul, non seulement pendant la course, mais aussi dans toute la phase de préparation ; du financement à la préparation technique, le parcours se fait en solitaire : c'est comme ça !

J'ai rencontré des dizaines de gars qui rêvent de « faire la Route du Rhum », et qui échouent sur un problème technique simple ; il leur manque toujours une petite somme pour boucler leur budget ce qui les empêche de partir. Cela dit, certains d'entre eux n'ont pas une motivation assez forte ou bien ne sont pas débrouillards. Tous les participants aux courses de ce type ont le même but : ils veulent partir à tout prix, s'endettant même parfois plus que de raison. J'ai fait partie pendant de nombreuses années - raisonnablement cependant - de cette famille de coureurs ne vivant que pour la course au large, ceux qui prennent le risque de partir ; pour moi, cela veut dire : exister...

Les résultats sportifs que j'ai eus durant toutes ces années ont été globalement à la hauteur des financements que j'étais capable de trouver ; la course au large étant un sport mécanique, l'argent est le nerf de la guerre. Pour pouvoir équiper correctement un bateau, la course aux finances est nécessaire mais difficile. Dans cette activité, je n'ai pas été le meilleur ; cependant, j'ai beaucoup appris sur le business, « les affaires » comme l'on dit.

Malheureusement pour moi, les deux fois où j'ai participé à la Route du Rhum, notre course de référence, j'ai été victime de casse mécanique.

En 1990, cinq jours après le départ, j'ai démâté de nuit, à trois heures du matin, entre les Açores et le Portugal. J'ai un souvenir très précis de l'instant où le mât est tombé, en réduisant l'enrouleur de grand-voile, une pièce en partie haute ayant cassé lors de la manœuvre... J'ai juste eu le temps de plonger dans le cockpit pour ne pas prendre le morceau d'aluminium de 18 mètres sur la tête. Je m'en suis bien sorti, je ne me suis même pas cassé un ongle...

En 1998, après 20 heures de course, c'est la rupture de l'étai principal à cause d'un défaut de fabrication de cette pièce... neuve ! Retour à la case départ et c'est une histoire qui m'a coûté 200 000 francs... Je n'avais aucun regret. J'étais un peu plus léger côté finances et j'ai vraiment eu envie de faire autre chose à ce moment-là, car aux déboires financiers s'ajoutaient les sarcasmes des confrères : « Tu as encore coulé avec ton bateau..., le jeune architecte navigateur qui a encore cassé ». Les rires et les moqueries de ceux qui ne font rien, c'est agaçant.

Pour me changer les idées, je suivais à distance depuis de nombreuses années le « Raid gauloises », épreuve multisports qui me paraissait très difficile et quasiment hors de portée ; mais pourquoi pas essayer, après tout, avant d'être trop vieux ?

J'ai donc improvisé, comme d'habitude. J'ai constitué une équipe pour participer au « Raid gauloises », celui du Tibet-Népal en 2000. Le budget, dans cette épreuve, est sans commune mesure avec celui de la voile ; cela fait rêver davantage et ça coûte beaucoup moins cher. Sans trop de difficultés, nous avons donc trouvé le financement et je me suis mis à m'entraîner pour être en condition... J'ai perdu une quinzaine de kilos et après avoir fait les tests nécessaires, nous avons été officiellement engagés sur cette grande compétition internationale. J'ai été très surpris de me rendre compte que la voile était - et reste encore pour moi aujourd'hui - le sport le plus difficile, demandant énormément de qualités et ne tolérant aucun droit à l'erreur. Dans un raid, la faute n'a pas du tout les mêmes conséquences : on peut se perdre, perdre du temps, mais rester en vie... et y prendre quand même du plaisir !

J'ai donc participé à deux éditions du « Raid gauloises », en 2000 (850 km) et 2002 (1025 km), à la Southern Traverse en Nouvelle-Zélande en 2004 (550 km), et à d'autres raids comme l'Oman aventure en 2005.

Jamais dans toutes ces épreuves, je n'ai souffert autant - aussi bien psychologiquement que physiquement - que pendant une course au large ! La caractéristique des marins est d'avoir un mental exceptionnel face à l'épreuve, d'être capables de supporter énormément de difficultés, de résister à des conditions inhumaines pour vivre jusqu'au bout leur passion... Il n'y a pas de doute : pour moi, la navigation océanique est l'épreuve la plus complète et la plus difficile que j'aie réalisée.

J'ai assez souvent discuté du raid. Pour beaucoup d'initiés, c'est l'aventure à l'état pur ; le seul que je connaisse qui ait réussi à garder cet esprit, c'est Gérard Fusils, ancien journaliste ayant couvert les premières transats anglaises. Pas d'erreur : encore un type issu du milieu maritime.

Je ne m'en rendais pas bien compte, mais courir de nuit en forêt est, pour le commun des mortels, une épreuve angoissante, alors quelle serait leur peur en mer !

Fort de cette expérience acquise sur l'océan, techniquement armé pour affronter les difficultés telles qu'on les vit sur les raids, j'ai mis en pratique ce que j'avais appris durant toutes ces années pour faire évoluer le métier d'architecte de l'urgence dans des conditions acceptables.

Les raids que je continue à faire sont aussi un moyen de voir des sites magnifiques, de rencontrer des gens, d'avoir des coups de « fun » avec des copains sportifs ; je pense en particulier à Claude, Fabienne, Manda, Charly, et bien d'autres avec lesquels on ne parle que de sport... et de nos ennuis de temps en temps... Avec eux, j'ai passé des moments humainement très "sympas".

Architecte : pourquoi pas ?

Ce métier n'est pas assez actif à mon goût. Déjà, pendant les longues années d'études, j'ai souffert d'être obligé de rester assis à écouter les professeurs parler d'architecture, d'architectes, d'intellectuels et d'idéologues. J'ai gardé une certaine distance vis-à-vis de cet environnement très éloigné de mes préoccupations et de mon goût de l'action. Je préfère être davantage connecté à la réalité, au monde qui nous entoure et proche des gens, tout simplement.

J'ai quitté les écoles d'architecture le plus vite possible avec l'ambition de travailler honnêtement. J'étais, malgré tout, un peu « formaté pour faire de la belle architecture ».

Heureusement, j'avais reçu une formation technique initiale importante en électrotechnique et en bâtiment. J'étais initié, par ailleurs, au travail sur les bateaux et aux technologies nouvelles telles que celles des matériaux composites. Malheureusement, cela est invendable sur le marché de la construction en bâtiment où l'on évolue moins vite que dans le secteur de l'automobile, des bateaux et de l'aviation.

Je me suis donc ennuyé pendant de longues années d'études, avec l'envie d'en finir au plus vite afin de pouvoir gagner ma vie.

Pourtant, je me serais bien dirigé vers d'autres formations, Sciences-Po ou pilote dans l'Aéronavale. Malheureusement pour moi, même la formation en architecture navale à Southampton m'était interdite, faute de moyens financiers suffisants. De surcroît, mon niveau d'anglais était trop moyen. Rien à faire, « la messe était dite », je serai architecte tout simplement comme les 40 000 autres diplômés en France…

Pendant toutes ces années, j'ai fait partie des étudiants souvent absents des cours, étant tantôt au travail pour subvenir à mes besoins, tantôt sur l'eau à courir les océans, et parfois, lorsqu'il le fallait, un peu à l'école d'architecture. Je suis donc sorti en 1991 avec un diplôme me permettant, en théorie, de réaliser le Stade de France et Notre-Dame… En réalité, je possédais les compétences techniques à peine suffisantes pour réaliser l'extension d'un pavillon de banlieue...

J'ai appris mon travail d'architecte, ainsi que d'autres parmi mes collègues, comme intérimaire dans des agences plus ou moins bien structurées ; c'est dans ce cadre que j'ai acquis les bases me permettant d'être opérationnel au quotidien. Très vite, en 1992, j'ai décidé de travailler pour moi, ne supportant plus vraiment d'être commandé par des architectes considérant leur projet personnel comme le projet du siècle... Toutes ces années de courses au large m'avaient donné une indépendance trop importante. J'étais devenu indomptable, incontrôlable, mais quand même assez compétent, capable de décider, de prendre des initiatives, d'avancer. Il me fallait partir et assumer.

De fin 1991 à 2001, soit pendant une dizaine d'années, j'ai perdu énormément de temps à attendre que l'on m'appelle. Comme un médiocre, un laborieux, j'ai répondu à tous les appels d'offres de maîtrise d'œuvre passant dans la presse. J'ai été refusé systématiquement des consultations à Amiens et dans la région, là où j'exerçais. J'ai compris à cette époque, même si on ne me le disait pas ouvertement, que ne pas prendre la carte d'un parti politique créait une sorte de barrage. Je l'ai ressenti comme cela...

Mes confrères - mettant en avant mon passé maritime et sportif et par conséquent ma disponibilité limitée - ont beaucoup participé au travail de sape dont j'ai souffert. J'avais pensé naïvement qu'être sportif de haut niveau, dans une des disciplines les plus respectées, pouvait être un avantage... je suis tombé de haut ! Les maîtres d'ouvrage me connaissant en tant que sportif, n'imaginaient pas un seul instant que je puisse être compétent en qualité d'architecte. Lorsque j'évoquais longuement mes expériences sportives avec certains maîtres d'ouvrage ou élus, ils me questionnaient, les yeux pétillants, intéressés par ce type ayant couru avec les très grands : « Alors, il est comment Poupon ? Et Florence Arthaud.... ? » Et puis, plus rien ! Il ne fallait vraiment pas communiquer là-dessus.

À force de ténacité, ou parfois quand des confrères avaient oublié de répondre à des appels d'offres, j'ai fini par trouver du travail en prenant le "tout-venant", dans le courant de l'année 1999. J'ai commencé par de la réhabilitation de logement social, des cuisines, des bureaux, tout ce dont personne ne voulait ; techniquement je crois que je n'étais pas plus mauvais qu'un autre. C'est par ce biais que je suis arrivé à « ramasser » du travail, pour me nourrir, sans réelle motivation autre que de gagner ma vie.

Seul point positif de toutes ces années : le fait d'être *persona non grata* à Amiens m'a permis d'élever mes enfants, et de cela je suis content.

Août 1999, Turquie : le sentiment d'impuissance

À la fin du mois d'août 1999, un séisme important ravage la région d'Izmit, à l'est d'Istanbul en Turquie. Immobile devant mon téléviseur, je regarde les horreurs que la nature peut parfois nous réserver. Je suis fou de rage en découvrant ce qui défile à l'écran : à peine 24 heures après la secousse principale, les autorités turques décident de pousser au bulldozer les édifices à moitié debout, comme s'il fallait déjà enterrer les morts, et comme si retrouver des cadavres et même des survivants n'était plus possible. Sans insister sur les réelles motivations qui poussent les autorités de l'époque à entreprendre si vite des travaux de déblaiement, je ne peux imaginer que dans tous ces décombres, 24 heures après le séisme, tout le monde est mort : cela est manifestement impossible... J'ai encore aujourd'hui la conviction qu'on a enterré vivants, sans le moindre scrupule, des femmes, des enfants, des familles entières. Et même s'il n'y a qu'un survivant possible, on n'a pas le droit de faire cela... c'est ignoble, c'est un crime contre l'Humanité.

S'il fallait que je justifie à l'heure actuelle la raison pour laquelle je me suis battu comme un fou, c'est qu'aujourd'hui encore je suis choqué par le souvenir de ces images, par l'incompétence et le sentiment profond d'impuissance que j'ai ressenti.

S'il fallait expliquer le principal motif pour lequel nous devons être forts, c'est sûrement pour que ce genre d'erreur ne se reproduise plus jamais, pour que les hommes de tous les pays sachent ce qui s'est passé : nous devons témoigner en mobilisant notre compétence professionnelle. De plus, "être fort", c'est parfois aussi pouvoir être entendu par d'autres réseaux de compétence et d'intelligence et expliquer, analyser de manière à aider les autorités locales à prendre les meilleures décisions.

Bien sûr, je n'en veux aucunement aux Turcs qui souffrent trop souvent de ce genre de catastrophes. J'ai rencontré chez eux beaucoup de gens intelligents, ouverts et surtout c'est la « Porte » de ce grand "Monde musulman" qui s'ouvre à nous occidentaux. La culture turque me fascine, si différente et à la fois si proche de la nôtre.

Soyons de vrais « pros » : le travail c'est le talent

De tous temps, j'ai été captivé par ce qui avance vite, flotte ou plane. Tout ce qui bouge m'intéresse.

Depuis toujours, l'épopée de l'Aéropostale m'a fasciné ; Didier Daurat, son patron a été un homme constant, réaliste, visionnaire et surtout professionnel pour développer cette grande entreprise aventureuse : « que l'Aéropostale continue coûte que coûte » !

Loin de moi l'idée de me comparer à Daurat, mais j'ai voulu faire fonctionner « Architectes de l'urgence » suivant les mêmes principes. J'ai essayé de mettre en place une logique similaire à la sienne et d'adopter dès le début une stratégie nous permettant d'aller aussi loin que possible dans la démarche entreprise.

Des architectes qui se disent prêts à partir évoquent les souhaits de leurs familles, de leurs compagnes et même reprochent à notre organisation les risques potentiels que nous leur faisons courir en opérations. Comme Didier Daurat, je pense que les familles n'ont strictement rien à voir dans ces responsabilités, le choix de celui qui part doit être personnel. J'ai appris à ne pas hésiter et à refuser systématiquement toute pression de ce type, mon seul but étant que notre organisation puisse progresser et travailler efficacement.

Dès le début, je n'ai cessé de dire à tous : « Soyez des pros, faites voir aux gens qui ont besoin de vous que vous êtes bons, et que vous avez les pieds sur terre ». « Architectes de l'urgence » n'est pas mis en place pour les architectes, mais pour les gens qui ont besoin d'aide. Je m'évertue à expliquer ça constamment, quelques architectes ayant raté leur vie professionnelle se raccrochant parfois à nous pour exister enfin. Depuis le début, sans distinction, tous ceux qui l'ont souhaité ont pu participer aux actions en France, souvent plus critiques à l'égard de l'organisation que contre eux-mêmes. Ils sont peut-être fiers d'avoir enfin fait quelque chose de vraiment utile pour les autres ; c'est mon cas et aussi, je l'espère vraiment, celui de quelques pionniers de cette aventure.

Mai 2000 : vive la démocratie !

Contrairement à un nombre important de mes collègues français, j'ai toujours respecté l'Ordre des Architectes qui est pour moi une institution importante. Évidemment, cela a un coût : je fais partie des architectes qui ont toujours payé "plein pot" la cotisation à l'Ordre des Architectes Français. Je n'ai bénéficié d'aucun moratoire, je ne dois rien... ce qui, à mon avis, n'est pas le cas d'un certain nombre de vedettes de l'architecture française qui n'ont pas payé leur cotisation obligatoire pendant des années et ceci impunément !

Je n'ai jamais eu l'impression d'être représenté comme je l'aurais souhaité à l'Ordre des Architectes, organisation à mon avis plus près du Rotary ou du Lyon's Club que d'une réelle défense de la profession ou des idées fortes qui me préoccupent. Quand on n'est pas d'accord avec quelque chose, soit on essaie de le changer, soit on se tait.

Me taire, j'ai toujours eu un peu de mal ; je ne pense pas mourir étouffé par les choses que j'ai à dire ; cela m'a déjà coûté beaucoup et je pense que ce n'est pas fini...

J'ai donc pris l'initiative de me présenter seul à l'Ordre des Architectes, en Picardie. Ma profession de foi était basée sur la création d'une organisation humanitaire composée d'architectes capables d'intervenir sur la gestion de l'urgence en cas de catastrophes, en France et partout dans le Monde.

J'avais pris le risque de me présenter, et j'ai été brillamment élu avant... les élections ! Il y avait six sièges à pourvoir et nous étions au total cinq candidats. Il me fallait donc une voix, j'étais à peu près sûr d'avoir... la mienne... ! Comme quoi n'importe qui peut être élu ! Vive la démocratie !

Il est quand même étonnant que si peu d'architectes s'intéressent à l'institution ordinale alors qu'ils sont obligés de s'y référer, d'y cotiser et d'en subir les conséquences professionnelles.

Lorsque je suis convaincu de quelque chose, je vais jusqu'au bout, et je m'en donne les moyens.

Être Conseiller à l'Ordre des architectes dans ma Région m'a donné la possibilité de travailler sur ce qui m'intéressait vraiment :

les problèmes internationaux avec l'Union Internationale des Architectes (UIA) ; plus tard, j'ai abordé « l'humanitaire » avec les moyens de la profession qui peuvent être très conséquents.

C'est à ce moment-là que j'ai rencontré deux personnes-clés dans le développement de l'organisation qui allait être créée par la suite : Olivier Brière et Jean-Paul Bertiaux, tous deux architectes Conseillers à l'Ordre des Architectes de Picardie.

À une réunion du Conseil de l'Ordre, j'avais entendu Olivier et Jean-Paul s'exprimer, très à l'aise en public, plutôt « intellos » et tenant globalement ce qui est pour moi un vrai discours. À mon avis, les gens qui sont capables de parler en public de notre métier et de ses problèmes, sans dire trop de bêtises, sont peu nombreux.

Olivier Brière a toujours été quelqu'un de bon sens ; sa formation d'ingénieur y est sûrement pour beaucoup. Nous sommes issus de milieux très différents, mais j'ai presque toujours pu m'entendre avec lui, même si parfois je le trouve compliqué dans le cheminement intellectuel et la manière de s'exprimer. Olivier est un fidèle qui a toujours été dans l'ombre un allié de poids. Il est patron d'une agence à Compiègne dans l'Oise, auteur d'une production architecturale de qualité. C'est sans aucune hésitation que j'ai été volontaire pour le proposer au poste de Président de Région de l'Ordre des Architectes. Il me semble posséder le charisme, l'honnêteté et la représentativité nécessaires pour tenir les rênes de ce Conseil.

Jean-Paul Bertiaux, est complètement à l'opposé d'Olivier. Communiste dès le biberon pour raisons familiales, il n'hésite jamais à affirmer ses convictions à haute voix. J'ai longtemps apprécié sa "grande gueule", ses réflexions d'"intello" ; nous ne sommes pas toujours en phase sur le fond, mais plutôt d'accord sur la forme. Son côté provocant dans lequel je me reconnais m'a beaucoup amusé parfois, alors que son côté poli, courtois et un peu maniéré m'a quasiment toujours gêné. J'ai un souvenir assez cocasse. Nous étions partis ensemble dans le sud de l'Oise, pour démêler une affaire de non-conformité aux marchés publics. C'était la première fois que nous avions l'opportunité de bavarder vraiment ensemble. Nous avons parlé de tout et de rien, de son enfance pendant laquelle il passait ses vacances en Allemagne de l'Est, de l'autre côté du Mur, de mon anticommunisme primaire, qu'il n'arrivait pas à comprendre et à accepter, tout cela dans la joie et la bonne humeur.

Je me souviens de cette réunion un peu irréelle : d'entrée, l'élu concerné par l'affaire citée plus haut nous agresse directement en qualité de professionnel de l'architecture, empêcheur de construire... Il est dans l'illégalité, mais ça ne le gêne pas... « Messieurs les architectes, vous êtes des c... ! ».

Et Jean-Paul de répondre, très poliment, respectueusement : "Monsieur le Maire, vous devez comprendre...". Plus Jean-Paul est poli avec lui et plus son interlocuteur s'énerve, ce qui commence à me chauffer très sérieusement les oreilles. La troisième et dernière fois où il s'adresse à nous en nous affublant de noms d'oiseaux, en qualité de membre du Conseil de l'Ordre des Architectes de Picardie, je me lève. Tapant un grand coup de poing sur la table, je lui déclare tout simplement qu'il faut qu'il arrête de nous prendre pour des ânes, qu'il veuille bien rester poli. L'élu se résigne, enfin, il a vu qu'il était allé trop loin et renonce à poursuivre. Forts de cette rencontre difficile dont nous étions sortis la tête haute, nous sommes allés au bistrot du coin arroser cela. Par la suite, rencontrer Jean-Paul était toujours sympathique. Nous sommes de natures très différentes, mais son côté humain me convient.

De retour du Raid Gauloises 2000 au Tibet et au Népal, je prends donc mes fonctions ordinales. Le travail commence à tomber sérieusement à l'agence, je peux enfin commencer à gagner ma vie correctement, récupérant un certain nombre de marchés publics avec le Conseil Régional de Picardie, les Douanes, le Ministère de la justice, la DRIRE[1] de Picardie, des bailleurs sociaux. Puis, quelques rares clients privés s'adressent à moi, notamment pour des bâtiments industriels.

Croulant sous le travail, je commence à cette époque à avoir ce qu'on appelle une agence d'architecture avec de réels marchés publics et globalement aucun problème particulier si ce n'est la surcharge de travail. Je commence à m'entourer de quelques collaborateurs. Un seul reste encore aujourd'hui proche de moi,

---

[1] Direction régionale de l'industrie recherche et environnement.

c'est Jao Paulo Brito. Jao est stagiaire dans un premier temps et, très vite, étant donnée son efficacité, je l'ai salarié pour qu'il ne me quitte pas. Mais, brésilien de naissance, il avait le mal du pays et a souhaité rentrer chez lui rapidement. Nous avons continué une collaboration qui perdure encore aujourd'hui : je l'ai aidé à créer une agence de prestations de services informatiques au Brésil qui compte aujourd'hui plusieurs collaborateurs.

Hormis Jao, trouver des collaborateurs efficaces est un véritable problème. Je ne cache pas avoir mis fin à beaucoup de collaborations, sans mettre qui que ce soit à la porte, mais simplement en acceptant les démissions que l'on me présentait.

Pendant plusieurs années, j'ai donc travaillé comme un fou, enchaînant dossier sur dossier à toute vitesse, réhabilitant tout ce qui était réhabilitable et construisant au plus vite les chantiers que l'on me confiait. Je n'ai pas vraiment de bons souvenirs de conceptions architecturales datant de cette époque, la seule réelle satisfaction étant l'état de mes finances, qui étaient plutôt bonnes. J'ai donc profité de cette conjoncture favorable pour construire mes propres bureaux : un loft de 180 mètres carrés au centre du quartier historique d'Amiens. J'ai transformé un garage en petite maison de ville dans ce même quartier. S'occuper d'un chantier ou de cinq, ce n'est pas plus compliqué, c'est simplement un problème d'organisation, de gestion et de sérénité.

À cette époque, j'avais plutôt le vent en poupe sur le plan professionnel : il me suffisait de soumissionner à des appels d'offres, j'obtenais les marchés sans difficulté. Statistiquement, j'étais dans les fourchettes de réussite relativement importantes. La conjoncture économique y était pour beaucoup, la majorité des grosses agences étant débordée par l'afflux de travail. En ce qui concerne la qualité de vie, ce furent sûrement les moments les moins intéressants : travailler essentiellement pour la rémunération ne m'a jamais amusé. Par ailleurs, la nécessité de rembourser les emprunts oblige à être économe et bon gestionnaire.

Je me suis désintéressé du geste architectural - assurant en priorité l'aspect financier - proportionnant mon travail à la qualité de la rétribution proposée par mes clients... Le point très positif de ces quelques années : j'ai acquis un bagage aussi bien en technique bâtiments fluides et structures qu'en techniques administratives sur la gestion des marchés publics et les négociations avec les entreprises lors des chantiers.

De 1999 à juin 2003, j'ai connu mes belles années de réalisation de marchés publics. Tout cela s'est arrêté tout net, sans que je m'en rende compte, on comprendra pourquoi par la suite.

Deuxième partie :
premières interventions

Mars 2001 : les inondations dans la vallée de la Somme

Comme disait Coluche : « En Normandie, il neige rarement au mois d'Août, et le climat est très bon pour ceux qui supportent les bottes en caoutchouc... »

De l'Automne 2000 à Mars 2001, il n'a pas cessé de pleuvoir sur le département de la Somme, notamment. La Picardie a la réputation d'être humide, mais à la fin de l'année 2000 et au début de 2001, elle a été particulièrement arrosée !

Notre charmante région a connu des moments qui l'ont marquée à jamais, comme la bataille de la Somme lors de la Première Guerre Mondiale. Elle n'a pas été épargnée non plus par les fermetures d'usines, le chômage et autres épreuves. Beaucoup de Picards n'étaient pas à une catastrophe près, lorsque les inondations sont arrivées, sauf peut-être les élus qui avaient beaucoup à perdre.

Pendant des semaines, la pluie est tombée comme rarement dans ce département ! Ceci a conduit les politiques à déclarer : « On gère la situation », c'est-à-dire, on attend...

Certes, les phénomènes météorologiques ne sont pas causés par les élus, mais leur responsabilité consiste à mettre en place les moyens pour réagir rapidement et aider nos concitoyens placés dans une situation délicate.

J'ai le souvenir précis de l'eau qui débordait du Canal de la Somme pour arroser généreusement les "bas champs" et les zones récemment urbanisées. Personne ne bougeait, sauf les sinistrés qui, comme les "Shadoks", éberlués par ce qui leur arrivait... "pompaient, pompaient, pompaient ! ". Je connais bien les berges de la Somme et le moins que l'on puisse dire c'est que cette inondation était prévisible... j'ai bien dit prévisible !

La façon dont la crise a été gérée est assez aberrante. On a eu l'idée, pour remédier à la situation des inondés, de lancer un appel d'offres de type marché public. Des habitants de ces zones inondées sont restés pendant des semaines, voire des mois pour certains, à attendre que les 50 cm d'eau qui stagnaient sur leur terrain, soient évacués. Les politiques ne sont pas vraiment responsables personnellement de cette gestion de crise, tout simplement parce qu'ils ne sont pas préparés à cela. Les directions départementales de l'équipement qui, théoriquement, doivent gérer ce genre de problèmes sont inefficaces pour les mêmes raisons.

La vallée de la Somme a donc été particulièrement touchée, mais aussi le nord du département de l'Oise, et le secteur du Haut Plateau Picard. Dans cette dernière région, il n'y a pas de rivières, mais le niveau de la nappe phréatique est monté très haut, engendrant des phénomènes de déstabilisation des constructions les rendant particulièrement dangereuses. Des villages entiers ont été touchés. Dès l'Hiver 2000, de nombreux effondrements ont été signalés dans ce secteur. Contrairement à ce qui a été dit, la presse, à l'époque, a suffisamment évoqué la situation des sinistrés de la Somme. Le vrai danger, à propos duquel on a peu communiqué, se situait plutôt dans le nord de l'Oise où se sont produits des effondrements nombreux et imprévisibles dus notamment aux cavités souterraines que l'on appelle communément « muches », pour les plus anciennes datant du Moyen Âge et « cagnats » pour celles datant de la Première Guerre Mondiale.

J'avoue qu'à cette époque, j'ai regardé cette inondation - à quelques centaines de mètres de chez moi - sans comprendre vraiment ce qui se passait…C'est pourtant à ce moment que j'ai demandé de mettre à l'ordre du jour de la réunion du Conseil de l'Ordre des Architectes de Picardie le point suivant : "Intervention des architectes pour aider les populations touchées par cette inondation".

Olivier Brière, avec son grand cœur, a suivi immédiatement. Dans le même temps, la direction de l'architecture et du patrimoine dépendant directement du Ministère de la Culture - notre Ministère de tutelle - nous propose d'essayer de faire quelque chose pour les sinistrés de la Somme. En qualité de Conseiller de l'Ordre, avec d'autres, Jean-Paul Bertiaux en tête, nous insistons pour créer une structure capable d'intervenir dans la gestion de catastrophes en

France et dans le Monde entier, dans le but d'aider les populations touchées, quelles qu'elles soient, sans distinction de race, de religion ou d'opinion. Le seul point de discussion a été celui du nom à donner à cette organisation au statut d'association. Je me suis accroché comme un diable aux termes « architecte » et « urgence », voulant que notre créneau reste celui d'urgentistes en architecture, et se dissocie volontairement de tous les «... sans frontières » et des «...du Monde ». Le nom définitif déposé en Préfecture était : « Architectes de l'urgence et des risques naturels ». Nous ignorions à ce moment-là que, dans les semaines à venir, nous aurions à travailler sur la catastrophe technologique d'AZF à Toulouse.

Une réunion importante a lieu à la Direction régionale des Affaires Culturelles de Picardie à Amiens. Organisée par la Direction de l'Architecture, elle a pour objectif de réunir autour de la table les représentants du Ministère de la Culture, du Ministère de l'Équipement et les architectes régionaux afin que, conjointement, nous puissions mettre en place une action solidaire au profit des populations. Vanda Diebolt, Directrice de l'Architecture et initiatrice de cette réunion arrive donc à Amiens avec son staff, Raphaël Acquin et François Muller. Tous deux nous ont beaucoup aidés à faire démarrer cette aventure. Seule ombre au tableau et de taille : pas de représentants officiels du Ministère de l'Équipement, la direction départementale de l'équipement laissant sa chaise vide. Le tour de table est simple et rapide. Le Ministère de la Culture propose d'engager une somme de 500 000 F à parité avec le Ministère de l'Équipement, soit au total un million de francs ; l'engagement n'a pas été tenu par le Ministère de l'Équipement. Sans ces 500 000 F, nous n'aurions pu ni démarrer ni structurer notre organisation. La question posée est la suivante : « L'Ordre des Architectes est-il disposé à entamer cette action de solidarité ? ». Nous organisons avec Jean-Paul Bertiaux et Thierry Denier un déjeuner durant lequel nous arrêtons un plan d'action simple : nous voulons agir, nous sommes prêts, il nous faut juste le financement pour démarrer.

C'est d'une façon aussi simple que cela que des organisations ont parfois été créées par une poignée d'individus...., souvent de fortes personnalités, ayant la volonté de faire quelque chose pour les autres...

Vers la mi-avril, un de mes vieux copains de lycée appelle à l'agence. Jean-François Raoult, que je ne n'avais pas revu depuis de nombreuses années me pose la question suivante : « Ma maison est inondée depuis un mois et demi, l'eau commence à se retirer, qu'est-ce que je dois faire ? ».

Ma réponse est simple : « J'arrive, on va voir ce que l'on peut faire. »

Ce fut en fait la première intervention d'"Architectes de l'Urgence", urgence toute relative bien sûr. Cela nous a permis de comprendre, d'interpréter et d'analyser le créneau des situations dans lesquelles nous devions intervenir.

Je me rends donc chez lui, à quelques kilomètres d'Amiens, dans la vallée de la Somme, à Blangy-Tronville. Je trouve Jean-François en bottes de caoutchouc, désemparé par ce qui lui arrive. Il loge, depuis plusieurs semaines, chez des amis à quelques kilomètres de là. Sa situation est d'autant plus délicate que son épouse et lui ont un enfant en bas âge. Il me raconte donc ce qui s'est produit : contrairement à ce que l'on peut penser, l'eau n'arrive pas par les fenêtres et les portes, mais par le sol. Très lentement, en quelques heures, l'eau est montée tout doucement dans sa maison, pour se stabiliser à une hauteur d'environ 40 cm à l'intérieur de son séjour. Ayant laissé les portes ouvertes pour qu'elles ne se bloquent pas, comme des dizaines d'autres sinistrés, il a vu se développer dans son habitation une faune incroyable, mais somme toute très naturelle : carpes et poissons d'eau douce en tous genres ont pu proliférer pendant toutes ces semaines...

Le côté un peu spectaculaire de ce type de dégâts après des inondations réside surtout dans le fait que l'humidité à l'intérieur des maisons favorise le développement de toutes sortes de moisissures et champignons pas très bons pour la santé.

Souvent, certaines habitations où 50 cm à 1 m d'eau ont stagné pendant des périodes relativement longues, redeviennent très vite habitables. Il suffit pour cela d'un grand nettoyage, après avoir fait sécher plomberie, carrelages et boiseries et après une reprise des parties plâtrerie et électricité, celle-ci souvent se remettant à fonctionner normalement. Il est clair que plus l'eau stagne à l'intérieur des habitations, plus la remise en état de celles-ci est coûteuse et difficile. Cela justifie donc pleinement de limiter le plus possible dans le temps l'immersion des constructions, et de trouver les solutions techniques rapides pour évacuer l'eau.

Dans son cas précis, Jean-François découvre une fissure importante au milieu de sa maison, en raison de la déstabilisation des fondations consécutive à la stagnation de l'eau pendant plusieurs semaines. Ce phénomène est constaté très fréquemment en pareil cas. Il est dû notamment à des fondations mal adaptées alors que la pratique nécessiterait d'effectuer des fondations spéciales sur le bon sol, parfois entre 8 et 15 m au-dessous du niveau naturel. Jean-François a donc nettoyé sa maison au plus vite pour qu'elle soit habitable et qu'il puisse de nouveau l'occuper rapidement. L'autre problème concerne le remboursement par l'assurance des travaux à effectuer, aussi rapidement que possible.

Les compagnies d'assurances qui missionnent des experts, tiennent le même discours partout : « Vous devez obtenir des devis de remise en état établis par des entreprises de bâtiment ».

Mon copain Jean-François, comme des milliers d'autres sinistrés entend cette réponse et il est confronté à la jungle des entreprises de bâtiment qui déferlent à ce moment précis. Dans le même temps, les assureurs mandatent des experts, généralement sérieux, mais parmi lesquels se trouvent des "vautours" n'hésitant pas à faire signer aux pauvres gens traumatisés des contrats sur lesquels ils récupèrent 5 % - et parfois plus - du montant des travaux remboursés par l'assurance.

Jean-Paul Bertiaux, Olivier Brière et moi comprenons qu'il existe des solutions plus rapides, plus efficaces, moins coûteuses pour les assurances donc pour les sinistrés également : l'analyse technique de ce type d'inondation est pratiquement toujours la même, dans une rue, dans un quartier, dans un village. Mettre en place une logique de reconstructions groupées équivaut à effectuer des opérations que nous pratiquons communément lors de la réhabilitation de logements occupés par les habitants. Ce mode d'action profite aux sinistrés qui bénéficient alors d'une prise en charge technique de la reconstruction par des professionnels compétents. Le problème réside dans le fait que les compagnies d'assurances n'envisagent absolument pas de fonctionner comme cela : elles préfèrent traiter au cas par cas, se fiant aux conclusions de leurs experts. L'argument des assurances est toujours le même : « Malheureusement, notre compagnie n'assure pas toutes ces constructions, il est donc impossible pour nous de traiter ce problème dans la globalité. »

À la suite de cette première intervention personnelle, je comprends le rôle que nous pouvons avoir dans ce type de crise et avec Jean-Paul, Olivier, Thierry Denier, Delphine Droussent, Marc Ben-Lévy, et au total une trentaine d'architectes de la Région, nous tentons de mettre en place une véritable action de solidarité en faveur des populations touchées. Les architectes n'ont pas vraiment l'habitude de travailler ensemble, car le plus souvent ils sont en concurrence et entretiennent fréquemment des rapports plus que tendus. Une partie importante des architectes vit très mal les rapports avec le Conseil de l'Ordre. Celui-ci, au travers d'"Architectes de l'Urgence", a vu ainsi arriver un certain nombre de professionnels dont c'était le premier contact avec l'Ordre...

Les difficultés sont venues de la Direction Départementale de l'Équipement et notamment du responsable de la gestion de cette crise. Ce charmant Monsieur a passé tout le temps nécessaire pour nous expliquer à Jean-Paul et à moi, que notre intervention dans un cadre comme celui des inondations était très difficile, et qu'il se faisait fort, étant données ses hautes compétences en ce domaine, de coordonner nos actions. Pour expliquer les choses clairement, il faut que je précise que, entre les ingénieurs des Ponts et chaussées de la DDE et les architectes, il existe une rivalité assez ancienne ! Ce que ce Monsieur n'avait pas compris, c'est que nous étions décidés à mettre tout en œuvre pour venir en aide aux populations sinistrées. Il n'avait pas compris non plus que l'Ordre des Architectes était capable d'envoyer sur le terrain plusieurs dizaines de professionnels compétents ayant une bonne connaissance des sites, des gens et cela dans un délai relativement court. Cet avantage incontestable a été la clé du développement d'"Architectes de l'Urgence". Après un certain nombre de réunions avec le responsable de la D.D.E et de nombreux accrochages, ce Monsieur a usé du seul pouvoir qu'il possédait : essayer de nous empêcher d'agir. Son arme était simple : il refusait catégoriquement d'organiser la coordination des interventions sur le terrain et, par ailleurs, bloquait les 500 000 F que son Ministère devait nous octroyer. C'est clair qu'il nous a empêchés d'intervenir !

7 juillet 2001 : les effondrements du haut plateau picard

Comme si cela ne suffisait pas, en ce début Juillet, un orage d'une rare violence s'abat sur l'Est du département de la Somme ainsi que sur le nord de l'Oise, occasionnant des inondations de type torrentiel - phénomène assez rare chez nous - particulièrement dangereuses pour les personnes. Très vite, nous sommes contactés par le Sous-préfet de Montdidier, un monsieur charmant, humain et vraiment au service du public, digne représentant de l'État dans son secteur. Il est très direct avec nous immédiatement, nous déclarant : « Messieurs, j'ai besoin de vous, je compte sur votre professionnalisme pour aider les élus et la population ». Quelques jours plus tard, Marie-Noëlle Lienemann, Secrétaire d'État au Logement, en visite dans le département, vient constater l'étendue des dégâts et avec Jean-Paul nous avons l'occasion d'expliquer techniquement les problèmes assez compliqués à régler : les effondrements, les remontées de nappe phréatique, les risques pour les constructions et par conséquent, pour les habitants. Monsieur le sous-préfet est au premier rang pour se rendre compte des difficultés, la cour de la sous-préfecture étant truffée d'effondrements consécutifs aux fortes pluies. Assez stoïque et solide, il s'informe des solutions pour régler le problème, privilégiant la sécurité. C'était notre angoisse commune.

Madame la Secrétaire d'État nous confirme ce jour-là et ensuite à Jean-Paul par téléphone que l'intention du Ministère de l'Équipement est bien de financer une partie de nos interventions. Nous savons maintenant que même un Secrétaire d'État n'a pas le pouvoir d'imposer à ses services des attributions de fonds justifiées par des interventions exceptionnelles : certains administratifs paralysent le plus possible toute tentative d'action en se retranchant derrière des règlements inadaptés aux situations urgentes…

Durant toute cette période, nous travaillons énormément sur toutes les problématiques de base de notre intervention. Pour l'assurance, Olivier Brière prend immédiatement l'initiative de contacter la Mutuelle des Architectes Français afin d'obtenir un partenariat dans le but de couvrir les interventions des architectes dans cette action. La MAF se montre particulièrement efficace et se révèle un allié de taille.

Du côté de l'Ordre des Architectes, c'est plus simple : nous sommes libres d'agir.

Il reste les problèmes techniques sur le terrain avec la formation rapide des intervenants, surtout pour les effondrements qui représentent notre plus grosse crainte, car nous sommes parfaitement conscients des risques. Jean-Paul se charge de la mise en place de feuilles d'analyses de dégâts qui depuis ont été maintes fois modifiées en les simplifiant. De quatre pages à cette époque, le formulaire est réduit aujourd'hui à une seule page avec le strict minimum d'informations nécessaires.

11 septembre 2001 : sale journée !

S'il y a bien une « sale » journée en 2001, c'est ce Mardi de Septembre où les tours du World Trade Center sont tombées. Comme beaucoup de gens, je suis atterré par la stupidité de certains actes et je reste cloué devant mon poste de télévision.

Un sentiment de colère, de frustration et d'incompréhension s'empare de moi, conscient de notre incapacité devant ces mondes qui se séparent, se détruisent, ne se parlent plus, ne se comprennent plus... Je pense à l'avenir de mes gosses, à ma responsabilité d'individu prêt à tout ou presque pour empêcher que des événements aussi monstrueux se répètent. Tout cela me motive complètement : je crois que l'on peut changer les choses, encore faut-il le vouloir.

Le 9 septembre, deux jours avant les évènements évoqués ci-dessus, le Commandant Massoud avait été assassiné. Pourquoi cet enchaînement de violence inutile, au nom du bien contre le mal, contre les infidèles... ?

Mes intentions sont alors renforcées par ces événements traumatisants. Je prends à ce moment-là les « armes » de l'humanitaire pour essayer, avec mes faibles moyens, de changer un peu les choses. À partir de ce jour, je n'ai plus accepté que les gens quels qu'ils soient, où qu'ils soient, proches ou différents de nous puissent être livrés à eux-mêmes, dans le malheur ou les calamités de toutes sortes.

21 septembre 2001 : AZF Toulouse, 230 personnes au travail

Ce vendredi matin, en voiture, j'écoute comme d'habitude la radio et particulièrement les informations. Vers 10 h 30, un appel à la population de la Ville de Toulouse est lancé directement sur les ondes : « En raison d'une violente explosion qui vient de se produire, il est recommandé aux habitants de Toulouse de rester calfeutrés, de ne pas ouvrir les fenêtres... ».

Dix jours après le 11 septembre, l'hypothèse d'un attentat terroriste vient immédiatement à l'esprit de tous.

Mais pourquoi Toulouse ?

Au fur et à mesure que les informations tombent, la réalité apparaît : une énorme explosion a eu lieu sur le site de la Société Nationale des Poudres et Explosifs ; plus précisément l'usine AZF, filiale du groupe Total, a été littéralement soufflée. On déplore des milliers de blessés, des dizaines de morts, cependant, miracle ! La SNPE[1] n'a pas bougé !

Les appels lancés à la population pour qu'elle reste calfeutrée chez elle s'avèrent complètement inadaptés : dans un rayon de 2 km environ, il n'y a plus un carreau aux fenêtres ! La réaction de la population est de fuir immédiatement, comme après un bombardement, seule bonne solution pour sauver sa peau, les habitants étant parfaitement conscients du danger que représente la SNPE.

Pendant plusieurs jours, l'hypothèse du terrorisme est retenue par les médias, certains allant jusqu'à rechercher d'éventuels kamikazes islamistes, d'autres affirmant avoir vu un missile tiré... En pareil cas, les hypothèses les plus fantaisistes sont avancées parfois !

Ayant rapidement pris contact avec Jean-Paul, nous nous interrogeons sur la manière d'intervenir ; un fax est envoyé à Toulouse. À l'agence, le lundi suivant en fin de matinée, je reçois un coup de téléphone de la Direction Régionale de l'Équipement de Haute-Garonne. Mme Dufour, ayant entendu parler de notre

---

[1] Société Nationale des Poudres et Explosifs.

intervention dans la Somme souhaite que nous puissions intervenir rapidement.

J'ai appris, en naviguant, à décider vite. Cela me permet d'avancer rapidement, de débloquer des situations. Ma réponse est immédiate : « Nous arriverons demain matin, nous serons quatre. »

Le branle-bas de combat est immédiat : Jean-Paul s'occupe de prendre contact avec les représentants de l'Ordre des Architectes de la Région Midi-Pyrénées afin de nous assurer tout de suite de leur aide, comme nous l'avions fait dans la Somme. La différence, par contre, est de taille : de 80 architectes dans la Somme et 250 au total en Picardie, nous devons contacter 1500 architectes dans la région Midi-Pyrénées. Nous n'étions pas franchement sûrs d'arriver à convaincre ces confrères de réitérer ce que nous avions fait dans la Somme...

Jean-Paul, Thierry Denier, Medhi Baa et moi partons donc par le train de nuit pour Toulouse, laissant en plan nos agences et nos rendez-vous prévus pour la semaine.

À la gare de Toulouse Matabio, nos confrères nous attendent. Visiblement assez choqués, ils nous expliquent ce qu'ils ont vécu. Après de vives discussions, le Président de l'Ordre, Joseph Almudever, tombe d'accord sur le principe d'interventions, dans lesquelles « Architectes de l'Urgence » apportera son expérience acquise dans la Somme pour traiter au mieux la problématique de Toulouse. Avec quelques motards de l'association « Motards en colère », nous visitons les secteurs touchés par l'explosion. Notre constat, à l'unanimité, est clair : de sérieux problèmes de sécurité se posent sur un certain nombre de constructions fortement touchées, notamment dans la désormais célèbre rue Bernadette. Nous mettons nos compétences à la disposition des professionnels capables d'évaluer rapidement le nombre de constructions détruites et, le cas échéant, de déplacer les gens en situation dangereuse. L'intervention d'urgence telle que je l'imaginais depuis longtemps est alors d'actualité.

Après un certain nombre de déclarations sur les radios locales, je reçois l'appel d'un responsable des pompiers de la ville de Toulouse qui souhaite travailler avec nous. Il avoue que, techniquement, il n'est pas compétent pour les constructions nécessitant une expertise et qu'il ne veut pas prendre de risques pour les habitants de bâtiments qu'il suppose dangereux.

J'envoie tout de suite Medhi et d'autres jeunes architectes avec les pompiers, au poste de commandement de la Sécurité Civile du lycée Galliéni ; c'est sans doute l'une des premières fois, je pense, dans l'histoire de cette profession, que chaque camion de pompiers qui part en intervention, est accompagné sur le terrain par un architecte pouvant donner un avis immédiat sur chaque construction touchée.

Le jeune lieutenant-colonel de la Sécurité Civile qui dirige les opérations, Erik Lande, est tout de suite convaincu de notre rôle et de nos compétences qu'il a fortement aidé à promouvoir auprès des autorités locales, ainsi qu'auprès de ses supérieurs hiérarchiques. Plus que cela, Erik est devenu un ami avec lequel je reste en contact. Sa vision des modes d'intervention, sa connaissance des outils à la disposition des personnels militaires gérant les catastrophes, m'ont beaucoup apporté pour l'évolution de l'organisation. En particulier, son analyse sur la prévention a été très juste : il faut rester dans son domaine de compétences ; pour une organisation très jeune, le danger est de trop se disperser.

Autre point, très important à mon avis - partagé notamment par Dominique Alet - c'est l'appel à des militaires pour encadrer et structurer nos interventions. Les architectes n'ont pas l'habitude des actions concertées, alors mettre plus de 200 professionnels au travail en même temps à Toulouse, cela aurait nécessité une organisation plus soignée.

Étant donnée l'ampleur de la tâche à accomplir, nous décidons de réunir les architectes de la région. Quelque 200 personnes se sont déplacées, des gens de tous horizons, jeunes et moins jeunes. J'ai une heure pour les convaincre de réaliser cette intervention, un gros travail tous ensemble afin de montrer ce que la profession est capable de réaliser.
Je découvre à ce moment-là un certain nombre de confrères du Sud de la France.
L'un des premiers que j'ai repérés, au charisme imposant, c'est Jean-Claude Minvielle ; il m'apparaît comme le plus convaincu des "archis" présents. Il est déjà allé "au feu" pendant une journée, a contribué à la fermeture d'un magasin dont le faux plafond bourré

d'amiante s'est effondré sur les fruits et légumes et diverses denrées. Jean-Claude est plutôt du type "grande gueule", assez intello et engagé, à peu près le même genre que Jean-Paul ; d'ailleurs, ils s'accrochent assez souvent tous les deux.

Rue Bernadette, en allant voir nos gars qui interviennent sur le terrain, je rencontre Dominique Alet, un architecte toulousain reconnu au niveau international depuis nombre d'années. Ses premiers mots sont assez courtois, mais il nous reproche clairement d'avoir conçu des documents beaucoup trop compliqués à remplir. Il a tout à fait raison, je lui propose donc de mettre en forme ce document comme il le souhaite. Les constructions de la région - pour nous qui venons du Nord - sont quand même différentes et c'est le moment d'utiliser le savoir-faire et les compétences locales, dans un cadre que les professionnels locaux maîtrisent parfaitement.

Dominique fait partie des gens qui ne sont certainement pas venus aux "Architectes de l'Urgence" pour acquérir une notoriété et un outil professionnel, car il est déjà un architecte chevronné.

Son calme, ses réflexions toujours pertinentes, sont souvent d'un grand secours pour un impulsif comme moi. Il met à la disposition de notre organisation, ses relations, son temps et surtout sa crédibilité. Sa fidélité m'a été très précieuse : il est resté, en qualité de Vice - Président, une aide et un soutien à toute épreuve.

Catherine Charles Couderc est une femme de l'Aveyron qui, elle aussi, s'est beaucoup investie depuis cette époque et jusqu'à maintenant dans l'organisation. Je la revois, débarquant avec son sac à dos, un peu garçon manqué, au fort accent aveyronnais, avec une "grande gueule". Fille de charpentier, femme de charcutier, elle fait partie des gens de terrain avec qui je m'entends bien. Nous nous accrochons souvent, mais c'est une personne qui ne laisse pas indifférent et qui a une forte capacité à prendre des responsabilités.

Guy Maronèse, ancien rugbyman aux oreilles encore marquées par des coups reçus lors des matchs, est arrivé très vite aussi dans la bagarre ; sportif, volontaire, il s'est beaucoup investi, a très vite pris des responsabilités d'encadrement bien qu'il soit beaucoup plus à l'aise sur le terrain. Beaucoup de missions réalisées par la suite avec lui ont été d'une grande qualité aussi bien au niveau technique que sur le plan humain. Il est un pilier du développement international de notre organisation. Dommage qu'il ne parle pas l'anglais, malgré le fait que son épouse l'enseigne.

Un des grands problèmes de cette intervention à Toulouse, c'est d'avoir la responsabilité de nombreux habitants sinistrés et notamment lorsqu'il s'agit de décider de faire évacuer ou non des bâtiments endommagés. L'exemple de deux tours de 12 étages illustre parfaitement les fonctions d'architectes urgentistes. La situation est simple : les occupants de ces tours se plaignent depuis plusieurs jours de bruits, de craquements importants, de fissures aux plafonds, dans les angles des bâtiments ; une certaine panique s'empare de la totalité des occupants, traumatisés par les événements des tours jumelles de Manhattan, qui ont eu lieu quelques jours auparavant. Après avoir visité, analysé et compris le problème, j'informe les habitants de mes conclusions en prenant la responsabilité de laisser ces tours habitées, décision que peu de personnes avaient l'intention de prendre. Nous servons à cela !

Nous sommes aussi témoins de moments d'ingratitude : par exemple, des propriétaires malintentionnés profitent de ce que la catastrophe a rendu leur logement complètement insalubre pour récupérer le terrain dans le seul but de pratiquer une opération immobilière, jetant ainsi à la rue des travailleurs immigrés. La réponse à ce problème n'est pas simple, car, dans le même temps, des dizaines de milliers de Toulousains restent sans fenêtres pendant des semaines, voire des mois pour la plupart, mais ils sont logés de façon décente. Nous n'avons pas du tout l'intention d'aider les marchands de sommeil peu scrupuleux, pour qu'ils puissent récupérer leurs biens ; notre dilemme : comment choisir entre l'insalubrité des logements et l'impossibilité de reloger décemment toutes les personnes sinistrées ?

Pour cette opération de Toulouse, nous mettons en place une organisation quasi militaire afin de traiter tous les secteurs touchés, et d'effectuer toutes les mises en sécurité nécessaires. Nous entendons par mises en sécurité : donner rapidement un avis technique et prendre la responsabilité de laisser ou non des occupants dans les bâtiments concernés. Cela sous-entend une approche visuelle de la totalité de la structure, des vérifications de l'électricité, du gaz, de la plomberie et de tout le réseau d'évacuation potentiellement touché.

La majorité des constructions sont touchées essentiellement par l'effet de souffle, qui a fortement endommagé les menuiseries extérieures, des cloisons intérieures, les plafonds et parfois même les charpentes, notamment près du point de déflagration.

Certaines constructions près du point zéro, ont souffert également d'un séisme de surface, directement consécutif à l'explosion. Des bâtiments ont été atteints très fortement et des tassements sont apparus avec les fissurations des constructions plusieurs mois après la catastrophe.

Toutes les personnes qui sont intervenues à Toulouse ont beaucoup appris. Nous avons malheureusement constaté que vivre à proximité d'un risque d'explosion, aussi important que celui-ci, est franchement dangereux d'où la nécessité d'une réflexion globale sur le maintien de ce type d'activité en ville et dans les secteurs habités.

Nous essayons de mettre en place, dans les semaines qui suivent la catastrophe, une vraie cartographie des destructions secteur par secteur, notamment en fonction des ouvrages touchés. Le traitement de la totalité des informations est un vrai casse-tête pour les équipes en charge de ce travail, car nous devons tout inventer, aussi bien l'organisation des équipes sur le terrain, que le traitement des données avec analyse et conclusions afin de pouvoir les réutiliser le cas échéant.

Notre efficacité a été réelle sur deux points essentiels :
- L'expertise technique prenant la responsabilité de laisser ou non des occupants à l'intérieur des bâtiments.
- L'écoute, le réconfort, la discussion avec ces personnes qui ont été choquées, parfois même traumatisées par ce qu'elles ont vécu.

L'individu s'adapte plus ou moins bien au milieu dans lequel il vit et nous sommes tous plus ou moins solides psychologiquement. Déjà, dans notre expérience de la Somme, nous avons pu constater qu'un certain nombre de personnes, plus fragiles que d'autres, étaient littéralement désorientées en constatant quelques fissures dans leur maison ; quelques centimètres d'eau pouvaient anéantir le moral d'une famille qui pensait la maison perdue alors que les emprunts étaient toujours à rembourser.

À Toulouse, un vieil ouvrier d'AZF dont la maison fortement touchée est dangereuse raconte à Dominique qu'on lui a même envoyé des psychologues pour l'aider.

« Monsieur, comment peut-on vous aider ? » lui demande la psychologue.

« Tiens, prends un balai, et nettoie un peu la maison... » lui réplique le vieil homme... Comme quoi, nous ne sommes vraiment pas égaux dans la perception des événements.

La solidarité est également fort importante en pareil cas : des artisans venant de toute la France, couvreurs, charpentiers, électriciens ont travaillé pendant plusieurs semaines, bénévolement. Chapeau, les gars !

Au total, sur l'opération de Toulouse, nous avons fait travailler 230 personnes de manière intense sur une période d'environ trois semaines. Pendant six mois, un certain nombre d'architectes ont participé à des missions de plus ou moins grande importance, mais toutes nécessaires. Sans le soutien de la Ville de Toulouse, de la Direction Régionale de l'Équipement et des professionnels architectes locaux, nous n'aurions pas été capables de développer ce à quoi nous aspirions. Du point de vue financier, l'opération de Toulouse et celle de la Somme nous ont permis d'embaucher une responsable administrative, chargée de mettre en place l'organisation de notre association. C'est ainsi qu'Alice Moreira arrive dès novembre 2001 ; elle est aujourd'hui encore responsable du siège de notre structure qui a beaucoup grossi.

Le Conseil national de l'Ordre des Architectes français a également décidé de nous aider financièrement, tant la mobilisation était importante à Toulouse ; ce grand moment de fraternité méritait d'être supporté par notre organisation nationale. Jean-François Susini, dans son rôle de Président a été un soutien très important pour notre organisation et aussi pour moi ; il a su nous aider à crédibiliser nos interventions auprès de la totalité des professionnels français, c'est un rôle qu'il a parfaitement assumé.

Novembre 2001 : inondation à Bab el Oued

"Des inondations torrentielles sur Alger ont fait des centaines de victimes"... Dès que je prends connaissance de cette information, j'envisage tout de suite de me rendre en Algérie au moins pour comprendre et analyser ce qui s'est passé. À cette époque, nous n'avions aucun moyen d'intervention, pas de financements affectés à l'urgence. Seules, notre expertise et notre compétence technique pouvaient être proposées aux autorités locales.

Le contexte politique algérien de l'époque était encore difficile, car des actions terroristes frappaient fréquemment Alger et sa région. J'ai dû subir toutes sortes de réflexions ; pour de nombreuses personnes, j'étais inconscient de vouloir aller en Algérie, j'étais un fou irresponsable prenant des risques et en faisant prendre aux autres. Il est vrai qu'à cette époque, Alger était une ville déserte le soir ; la nuit, l'horreur du terrorisme traumatisait les populations et rendait la vie vraiment impossible.

Mon intention est non seulement de me rendre en Algérie, mais surtout d'y entreprendre quelque chose, pour pouvoir témoigner plus tard. Mehdi Baa - dont la famille est d'origine algérienne - se propose immédiatement pour partir avec moi à Alger. Je trouve le binôme satisfaisant et de toute façon personne d'autre ne s'étant proposé, je n'ai pas le choix des candidats.

La première difficulté à régler avant de partir dans un pays, c'est le visa lorsqu'il est nécessaire ; dans le cas présent, le consulat de Pontoise est ouvert exceptionnellement pour que l'on puisse délivrer au plus vite des visas pour l'Algérie. Parallèlement, nous essayons de prendre contact avec nos confrères algériens afin de programmer une intervention conjointe du même type que celle de Toulouse.

Nous nous rendons donc en Algérie trois jours après la catastrophe. Dès l'arrivée, je suis frappé par la fraîcheur humide de novembre et l'architecture tellement française de la Ville d'Alger. Cela nous donne l'impression que l'avion n'a pas tout à fait traversé la Méditerranée.

Nous passons à l'Ambassade de France pour signaler notre proposition d'intervention auprès des autorités locales et ensuite entamer des discussions avec nos confrères algériens du Conseil de l'Ordre des Architectes algériens.

À la suite d'une erreur de manipulation de bagages pendant que nous réglons la course au chauffeur de taxi qui nous dépose à l'Ambassade de France, Medhi laisse mon ordinateur portable dans le coffre du taxi ! Le jour même, le chauffeur de taxi rapporte l'ordinateur à l'ambassade... Merci, taximan !

Notre recevons un bon accueil à l'Ambassade de France de la part de nos compatriotes diplomates. Ils nous dressent un état de la situation sur place, et des difficultés qu'ils craignent pour notre cadre d'intervention. C'est à ce moment que, via l'Ambassade de France, je propose officiellement nos services aux autorités algériennes tout en espérant un résultat positif. Le jeune conseiller de l'Ambassadeur qui nous accueille nous brosse un tableau de la situation politique et sociale ainsi que de la gestion de cette catastrophe qui me fait froid dans le dos. De son point de vue, le pays est "plombé" par toutes ces années de terrorisme, incapable d'avoir un projet et une réelle envie de sortir de cette espèce de chaos. Dans un certain nombre d'ambassades françaises, dans presque tous les pays où nous sommes intervenus, j'ai souvent vu des gens tristes, à moitié déprimés et pas vraiment heureux de leur sort. Dans les pays les plus difficiles, je garde l'impression d'avoir rencontré les meilleurs de nos diplomates, souvent très courageux et favorables à nos interventions.

Le téléphone fonctionnant mal à Alger, il s'avère presque impossible de téléphoner sur des lignes fixes ; je peux appeler en France via mon portable, mais impossible d'obtenir une communication dans Alger. L'accès aux secteurs touchés par la catastrophe - bouclés par les autorités militaires - s'avère vraiment délicat, surtout pour les étrangers. Aucun journaliste étranger n'est autorisé à pénétrer dans le secteur. Discrètement, avec Mehdi, nous fondant dans la population, nous réussissons à entrer dans le périmètre interdit et découvrons un incroyable spectacle de désolation : enchevêtrement de véhicules, débris en tous genres, corps sans vie parfois se mêlant à des amas de boue...

La cause principale de la catastrophe peut se résumer ainsi : on a construit dans un lit de rivière à sec ! « Bab-el-Oued » signifie en Arabe « porte de la rivière »... Ceci explique évidemment cela.

Beaucoup de raisons sont avancées alors pour expliquer le nombre de victimes. On a parlé notamment des égouts condamnés pour empêcher les actes terroristes, d'une urbanisation mal contrôlée, de constructions dans des lieux inadéquats. Il aurait pourtant été simple d'arrêter la circulation, de demander à la population de se réfugier dans les maisons à étages ce qui aurait pu éviter des centaines de morts : la majorité des victimes se trouvaient dans les voitures, les autobus ou encore à pied dans la rue et ont été emportées par la puissance de l'eau. Des constructions ont été elles aussi emportées, des écoles touchées également. Personne n'avait anticipé ce type de catastrophe à cet endroit. Or, l'urbanisation dans un fond de vallée d'une région qui peut recevoir des pluies très importantes et engendrer des inondations torrentielles n'est pas à prendre à la légère. Même si l'amplitude de la récurrence de phénomènes comme celui-là est de plusieurs dizaines d'années, la vigilance devrait être extrême et ce type d'urbanisation devrait en tenir compte.

Force est de constater également qu'un système d'alerte, inexistant encore aujourd'hui, aurait permis de sauver de nombreuses vies. Par la suite, nous nous rendrons compte que bon nombre de pays sont dans la même situation et que des milliers et même des dizaines de milliers de vies pourraient être sauvées annuellement, en utilisant tout simplement les moyens techniques élaborés tels que l'imagerie satellite associée à des systèmes d'alerte des populations. Le manque de volonté politique à ce sujet est dû à l'incompétence, à l'ignorance ou - pire - à l'attentisme du fait du manque d'intérêt géostratégique...

Nous prenons contact avec l'Ordre des Architectes algériens afin de pouvoir entamer des actions concrètes avec nos confrères. Nous nous rendons donc rue Victor Hugo, en face de l'Ambassade de Palestine - tout un symbole - au siège du Conseil National de l'Ordre des Architectes algériens.

Au deuxième étage d'un immeuble très parisien, un appartement de cinq pièces fait office de bureau à cette jeune organisation, calquée sur le modèle de l'Ordre des Architectes français et qui essaie tant bien que mal de valoriser le métier en Algérie et d'aider au mieux les confrères qui travaillent dans ce pays.

Un petit homme, très nerveux, fumant cigarette sur cigarette, nous accueille avec une grande méfiance d'abord : c'est Didine, le

Secrétaire Général de l'organisation professionnelle. Après avoir longuement dialogué et présenté ce que nous avons déjà réalisé dans la Somme et à Toulouse avec des centaines d'autres architectes, je le sens de plus en plus détendu. Après m'avoir soumis pendant une bonne heure à une foule de questions, soudainement il m'emmène dans un autre bureau plus confortable, où nous nous asseyons. Il décroche le téléphone, appelle son grand patron Lazhar Djillani, explique en Français devant moi qui nous sommes et ce que nous voulons réaliser. La proposition d'action conjointe "Architectes de l'Urgence" et "Ordre des Architectes algériens" paraît, professionnellement, envisageable. La seule difficulté - et elle est sérieuse- c'est de faire accepter aux autorités locales l'idée même d'une intervention d'architectes pour la mise en sécurité des bâtiments touchés par cette catastrophe.

Didine passe quelques minutes à donner des explications à son "boss", puis je parle à Lazhar en direct et le courant passe tout de suite ; d'abord, il commence par nous remercier pour la démarche que nous avons effectuée et dans un français impeccable, il m'explique simplement le contexte politique avec pragmatisme et sincérité. Ce premier entretien avec Lazhar marque le début de notre première opération internationale de gestion de l'urgence. Cela a permis aux architectes de se rencontrer, se connaître, se parler et enfin bien sûr de s'apprécier dans le but de travailler tous ensemble pour aider ceux qui en ont besoin.

Didine reçoit la consigne de nous aider au mieux ; avec son incroyable personnalité attachante, il devient instantanément notre guide, il nous emmène manger au petit restaurant au coin de la rue. Depuis, il est devenu un allié de poids pour moi, m'informant sur la vie en Algérie, la difficulté du quotidien et le manque de relations avec l'étranger et notamment la France.

Pour cette première action à l'étranger, ce n'était pas le pays le plus simple : nos diverses propositions aux autorités algériennes n'ont pas eu de suites, ou ont reçu des réponses négatives. Après quelques jours, je décide de rentrer en France. Ce voyage m'a permis d'informer, de relater ce qui s'était passé. Je pense que nous pouvons témoigner - comme les journalistes - mais plus particulièrement sur les aspects techniques.

Mehdi, dont la famille est algéroise, décide de rester deux jours de plus en Algérie. Je ne m'y oppose pas dans la mesure où la situation sur place, bien que tendue, paraît « tranquille ».

En rentrant en France, je mesure le niveau d'inquiétude dans le regard de Jean-Paul qui vient me chercher à Roissy ; pendant mon absence, d'autres ont eu le loisir de s'exprimer sur la pertinence de notre présence en Algérie dans ce contexte. Ils se montrent critiques sur les risques pris à la fois pour moi et également pour Mehdi qui m'accompagnait. Après avoir été navigateur, je suis très difficilement accepté comme architecte, catalogué comme marginal ; je suis, d'après eux, devenu une espèce d'inconscient, un "risque tout", un "doux dingue". J'entends encore les rires sarcastiques de certains confrères, qui considèrent que tous les membres de l'Organisation sont à la marge de la profession, et moi - le leader - davantage encore.

À l'heure du retour prévu de Mehdi en France, j'essaye en vain de le joindre sur son portable, mais impossible. Ce n'est que tard dans la soirée que j'arrive à le contacter. Il m'explique la petite aventure qui a failli lui coûter 18 mois de service militaire ; lorsqu'il est reparti d'Alger, les autorités lui ont demandé de justifier d'un service militaire actif en France. Il a bien effectué son service en France mais pour le justifier, il fallait qu'il produise des documents et notamment une attestation d'incorporation au Service National français. Il m'avoue avoir été plus que stressé par cette petite aventure qui s'est bien terminée, sa famille ayant remué ciel et terre pour régler ce problème au plus vite. Je pense que pour Mehdi, cette mission en Algérie a été très forte émotionnellement. Il a été confronté à un pays qu'il ne connaissait pas, à une famille qui l'attendait ; il a découvert des gens attachants et heureux de le voir. Le retour d'un enfant du pays en pareille circonstance est une fierté, un grand moment pour tous. Après des années difficiles de terrorisme, les retrouvailles ont représenté un moment très positif.

Troisième partie :

2002, mise en place des processus d'intervention

Mars 2002 : Afghanistan, découverte du monde humanitaire

Fin 2001, la chute des talibans en Afghanistan a permis à des dizaines d'O.N.G. d'intervenir pour la reconstruction.

À cette époque, nous n'étions pas structurés pour envisager une action dans ce pays et il était difficile d'obtenir des financements même pour la reconstruction : le « marché de l'humanitaire » était réservé aux initiés et à ceux pouvant mettre en oeuvre un « relationnel » efficace. Nous étions réellement exclus du système de collecte et de répartition des fonds ; pourtant, notre savoir-faire professionnel ne pouvait être mis en doute.

Malheureusement, la nécessité de choisir nos interventions nous avait conduits à ne pas positionner de mission dans ce pays, l'une des raisons importantes étant l'énergie dont nous avions besoin pour traiter la catastrophe AZF à Toulouse.

Lorsqu'en mars 2002, un tremblement de terre très violent toucha le nord de l'Afghanistan - plus exactement la ville de Narhin, à 250 km au nord de Kaboul - il nous apparut nécessaire de tout mettre en œuvre pour être présents sur place.

Nous avons pris contact avec ACTED - Agence de Coopération Technique et de Développement - O.N.G. française basée en Afghanistan depuis longtemps, afin de proposer d'intervenir conjointement. La capacité de cette organisation était à l'époque sans commune mesure avec celle d'« Architectes de l'Urgence » ; ses structures, en place en Afghanistan sur plusieurs secteurs, nous ont permis de disposer alors de trois architectes intervenant directement pour ACTED. À l'évidence, leur logistique, leur professionnalisme et leur bonne connaissance du pays nous ont rendus opérationnels à ce moment précis.

Corinne Moyal, jeune architecte d'Annecy spécialisée dans les constructions en terre, se rend dans un premier temps sur le secteur de Narhin afin de présenter une proposition d'aide à la reconstruction de l'habitat traditionnel ; elle y intègre un volet parasismique important, permettant de sauver des vies en cas de nouveau séisme. Cette mission d'expertise est remplie dans les semaines qui suivent le tremblement de terre qui fit plusieurs centaines de victimes. Nous ne sommes évidemment pas intervenus dans la phase d'urgence de cette catastrophe.

Par la suite, Marc Moulin, architecte d'une cinquantaine d'années désireux de changer de vie, contribue - toujours avec ACTED - à l'aide à la reconstruction de plusieurs centaines d'habitations dans cette zone. Il est rejoint par Simone Dufour, architecte ingénieur associée à Jean-Paul à Amiens qui avait souhaité participer à autre chose qu'à son travail habituel d'agence et, plus précisément, de suivi de chantier. On doit accorder au travail fourni par Simone en plaine de Chamali au nord de Kaboul une valeur d'autant plus grande que cette femme d'une cinquantaine d'années a réussi à se faire accepter comme telle, et qu'en outre sa compétence a été reconnue, ce qui n'est pas si simple : chapeau bas, Madame...

C'est à cette époque que je rencontre Ashmat FROZ, architecte Franco-Afghan habitant à Rennes et y exerçant.

Ashmat, né en Afghanistan au milieu des années 50, y a vécu jusqu'à l'invasion soviétique... La première maison détruite dans la ville d'Istalif - dont il est originaire - fut celle de sa famille. Durant toutes les années d'occupation soviétique, puis talibane, il a contribué à la représentation en Afghanistan des moudjahidines du Commandant Massoud. Pendant de nombreuses années, il a donc été un opposant politique à l'URSS puis aux talibans. Il semble même avoir été recherché par les autorités pakistanaises.

Dans son ouvrage - « L'esthète et l'architecte » - il relate les contacts noués durant toutes ces années avec le Commandant Massoud. Rempli d'affection pour le héros national, l'auteur développe ce qui constitue peut-être le témoignage de son unique architecte, recueil de la pensée de cet homme célèbre et de sa vision du développement pour son pays. Il y montre notamment la nécessité de la scolarisation pour faire reculer l'ignorance et l'intégrisme. Il dénonce aussi les travers du monde humanitaire, notamment les déviances - trafic d'objets d'art anciens au détriment des populations, par exemple - occasionnées parfois par des personnes peu scrupuleuses.

J'ai entendu à l'encontre d'Ashmat des propos très durs. Je me suis efforcé de l'écouter, de le comprendre et d'entendre sa part de vérité. Dans cet Afghanistan tant meurtri, j'ai souvent entendu une mise en garde : « Attention ! Ici, beaucoup de gens ont du sang sur les mains »... Comme si en France, pays des Droits de l'Homme, on n'avait pas sur les mains de ce sang dont on parle... Moi, éduqué par un père ayant participé à la « boucherie » que fut la bataille de Dien-Bien-Phu, je ressens tout le caractère ambigu du propos : les militaires français rentrés chez eux, médaillés et les mains « pleines de sang » sont-ils des criminels ou des héros ? Quant aux responsables politiques, dans leurs bureaux confortables, n'ont-ils pas aussi la responsabilité du « sang sur les mains » ?

De manière à apprécier la situation sur place, je me rends en Afghanistan durant l'été 2002 afin d'étudier comment notre spécificité d'architectes nous permettrait d'optimiser notre programme. J'ai demandé à Ashmat de m'y recevoir. Je compte en profiter pour saluer nos expatriés, en collaboration avec ACTED.

Je constate que n'importe qui construit un peu n'importe comment : d'évidence, lorsqu'il n'y a pas d'architectes ou d'ingénieurs, on sait s'en passer... L'argent public - celui du contribuable - est dépensé, sous couvert de l'urgence, sans la moindre garantie technique. Il m'apparaît ainsi que le « *business humanitaire* » permet parfois de faire n'importe quoi en n'ayant que peu de comptes à rendre. Par voie de conséquence, l'intervention de professionnels compétents dans l'humanitaire devient tout à fait indispensable.

Voici des exemples constatés :
- « désamiantage » de bâtiments sans précaution technique ;
- construction de bâtiments sans mesure parasismique adaptée ;
- réalisation d'une école sans appliquer les règles élémentaires : surcharge de construction, vérification des portances, etc.
- non-respect des procédures réglementaires d'appels d'offres pour des marchés financés par des ressources publiques ;
- non-intégration du développement durable dans les reconstructions ;
- inexistence du retraitement des déchets et du tri sélectif.

N'est-il pas étrange ce monde humanitaire, pressé par l'urgence, complètement hors système ?

Ajoutons à cela l'absence - depuis 20 ans – de formation pour les architectes et les ingénieurs et une confusion totale entre les compétences respectives des architectes, des ingénieurs et des entreprises de bâtiments... Tout est à recréer et particulièrement les capacités intrinsèques d'un pays à se reconstruire à l'aide de ses propres ressources humaines.

La seule proposition viable à cet instant consiste à essayer de former des architectes locaux et non pas à réinventer un néo-colonialisme architectural, en important des concepts occidentaux sans se soucier de ce qui manque le plus : la technicité et les outils pour la mettre en œuvre.

Sans moyens financiers, sans reconnaissance de la part des autorités, il s'avère impossible de faire le métier pour lequel nous sommes formés en France, dans des écoles d'architecture financées par les contribuables.

Il paraît utile de rappeler que toute construction en France nécessitant un acte architectural doit être effectuée par :
- un architecte, inscrit à l'Ordre des architectes français,
- à jour de cotisations ordinales,
- justifiant d'une assurance couvrant sa responsabilité professionnelle,
- à jour de cotisations URSSAF et de différentes caisses de salariés,
- présentant une attestation de non-condamnation,
- pouvant prouver sa capacité à traiter un marché de travaux et présentant des références sur ce type d'ouvrage.

Or, dans l'« humanitaire », on s'affranchit allègrement de tout cela : urgence oblige !

Ma réflexion, certes un peu corporatiste, me conduit à m'interroger : « Mais que fait donc dans ce domaine l'Ordre des Architectes ? » Pourrait-on imaginer que des médecins, par exemple, soient habilités à donner des soins en prescrivant des médicaments et en maniant des instruments chirurgicaux, sans la moindre formation professionnelle ? Or, dans notre profession, cela s'avère possible...

La comparaison paraît fallacieuse, dira-t-on, car un médecin sauve des vies tandis qu'un architecte se contente de construire des bâtiments.

Et pourtant, un architecte qui construit non parasismique en zone sismique ne commet-il pas une erreur gravissime, capable d'induire des conséquences dramatiques en termes de vies perdues ? En effet, ce n'est qu'une question de temps, de récurrence du phénomène physique qu'est un séisme : la responsabilité de l'architecte est entière. Comment sera donc alors interprétée celle du non professionnel qui aura à un instant T, sans réelle connaissance, effectué des actes de construction dangereux à terme pour les populations ?

La réponse s'impose : un acte professionnel doit être effectué par un professionnel compétent. Le débat de fond, on le voit, concerne la professionnalisation de l'action humanitaire. Au-delà, se pose le problème de la difficulté de l'action humanitaire, nécessitant compétence professionnelle, qualités humaines fortes, solidité psychologique et efficacité, et cela dans un contexte très souvent extrêmement dur.

Dans les mois qui suivent, alors que j'ai fait une demande de financement pour les inondations du Gard, Alain Méhart, Directeur de Cabinet de Christian Poncelet, Président du Sénat, nous octroie un financement pour l'Afghanistan.

Cette somme de 75 000 € aurait permis - difficilement - la construction d'une école dans ce pays. En conséquence, notre choix se porte sur la formation des architectes afghans, comme thème principal. Nous mettons donc en place, en partenariat avec l'Université Polytechnique de Kaboul, un atelier relais permettant aux étudiants afghans en architecture de disposer d'un outil informatique identique à celui de l'Occident.

Ashmat représente notre organisation de Kaboul, assurant la sécurité de nos expatriés successifs et les rapports avec les autorités locales. La mise en place d'un outil performant est réalisée successivement par :
- Laetitia Gardin, la trentaine volontaire, efficace et très professionnelle ;
- M. Wardak, Directeur de l'École d'Architecture, dont le travail courageux est fortement apprécié par nos expatriés et Ashmat ;
- Hervé de Truchis, Romain Curtis et Laurent Hesse qui manifestent la même volonté d'aider les étudiants afghans, futurs

professionnels, à utiliser les technologies nouvelles de conception assistée par ordinateur appliquée à notre métier.

Aujourd'hui encore, après trois années complètes de fonctionnement, nous sommes obligés d'augmenter les capacités de formation : nous intervenons en « deux-huit » afin que la majorité des étudiants puisse avoir accès à cet outil informatique. Tous les étudiants qui sortent de cette filière de formation trouvent un emploi correctement rémunéré, valorisant la compétence acquise.

Un regret important subsiste : l'incapacité d'une école d'architecture française - occidentale - à mettre en place un échange culturel indispensable à une bonne formation. Les enseignants Afghans sont bien évidemment maintenant demandeurs d'un soutien plus fort, notamment sous la forme de livres, d'accès à la culture via Internet... C'est ce que nous envisageons de réaliser incessamment.

Comme dans beaucoup de pays du Tiers-Monde, la construction anarchique et le manque de compétence technique engendrent une urbanisation mal maîtrisée qui rend la ville de plus en plus difficile à vivre. L'exemple de la France - avec sa loi sur l'architecture et le contrôle des professionnels par une organisation reconnue par l'État - a certainement contribué à une amélioration récente de la qualité architecturale dans notre pays. Fort de cela, le Conseil de l'Ordre des Architectes français, sous notre impulsion a mis en place un partenariat permettant en Afghanistan la création d'une organisation professionnelle d'architectes similaire à son modèle français. Jean-Paul Bertiaux et Jacques Canal (conseiller national de l'Ordre) se sont donc rendus à Kaboul pour l'inauguration de cet atelier relais et la mise en place de ces organisations professionnelles plus que nécessaires. Aujourd'hui, cette organisation existe, composée d'une cinquantaine d'architectes. Ashmat Froz - que j'ai très fortement poussé dans ce sens - est aujourd'hui le Président de « Architects Union of Afghanistan » : reconstruire un pays, c'est aussi l'aider à se structurer.

Juillet 2002 : Congrès de l'Union Internationale des Architectes à Berlin

La seule grande organisation internationale d'architectes existant à ce jour - l'Union Internationale des Architectes - siège à Paris. Sa réputation s'apparente à celle d'une sorte de « Lion's Club international » des architectes ; elle souffre de sa lourdeur et de son manque de dynamisme. Sa politique de communication paraît insuffisante auprès des architectes.

En réalité, l'UIA propose trois domaines de compétence relevant des commissions suivantes :
- les modes d'exercice professionnel
- la formation
- les concours internationaux.

Dans notre milieu professionnel, seuls les concours internationaux labellisés UIA sont reconnus. De grandes compétitions internationales sont organisées sous ce label, gage de garantie de neutralité.

Il m'est apparu de longue date que l'UIA pourrait constituer un outil fantastique pour l'action humanitaire. Sur l'invitation de Jean-François Susini, j'ai participé au congrès de Berlin en juillet 2002 ; mon intervention a porté sur le rôle des architectes de l'urgence dans la gestion d'une crise humanitaire. Hormis de la part de quelques organisations peu structurées, rares sont les initiatives réalistes dans ce domaine.

Lors de ce congrès, j'ai rencontré beaucoup de confrères de différentes nationalités qu'il m'a été donné de revoir dans un certain nombre de pays. Notre côté « *boy scout* » a parfois provoqué l'hilarité : en effet, au lieu de travailler à la construction d'édifices prestigieux, notre vocation consiste à aider, construire pour les déshérités et les plus démunis...

Certes, on peut nous reprocher un excès d'ambition. Encore faut-il observer qu'un outil approprié extraordinaire existe déjà si l'on prend en considération la présence d'environ un million d'architectes à travers plus de 110 pays. Dans de telles conditions, est-il vraiment utopique de mettre en place une branche humanitaire forte, capable d'intervenir partout dans le Monde ? L'exemple de la Croix-Rouge avec son réseau international montre, si nécessaire, que notre ambition n'est pas démesurée... Aussi, l'outil UIA pourrait-il s'adapter et devenir opérationnel en créant en son sein une commission « action humanitaire ».

À vrai dire, l'UIA représente 110 pays, mais ne dispose pas des moyens financiers permettant d'être réellement opérationnelle. Et pourtant, on pressent tout l'apport déterminant à la cause humanitaire que pourrait constituer sa forte implication : conférences, colloques internationaux, diffusion de la production architecturale par l'intermédiaire d'une édition internationale, contribution à des « carrefours » professionnels fréquents.

Constatons toutefois que la réalité est bien différente : hormis le grand congrès tous les trois ans, les concours internationaux que tout le monde connaît - comme la bibliothèque du Caire ou le siège de l'OTAN en Europe - les choses n'avancent guère.

Néanmoins, à l'UIA, un certain nombre de personnalités ont cru à cette grande idée humaniste et à l'évolution de cette machine quelque peu obsolète ; parmi elles, Jean-Claude Riguer, le Secrétaire Général ainsi que Gaétan Siew, l'actuel président, ont œuvré dans ce sens.

L'Union Internationale des Architectes est une « vieille Dame » respectable qu'il faut soutenir marche après marche quand elle emprunte un escalier ; trop émotive pour prendre l'ascenseur, très âgée, trop sensible, elle accepte difficilement un rythme soutenu....

Au Mexique, en mai 2004, lors d'un conseil à Villa Hermosa - à l'initiative et avec le soutien de différents conseillers influents tels Jaime Lerner, Vassilis Sgoutas et José Luis Cortès - une proposition soutenue par la France a été présentée à la « vieille Dame ». Hélas, le refus de quelques élus importants a été catégorique : l'UIA n'a pas à prendre de responsabilité technique ou financière dans un cadre humanitaire ! Suivirent quelques propositions dilatoires : elle pourrait, au mieux, éventuellement travailler à la formation, ou prendre une décision ultérieurement... En outre, les rapports de force ne permettaient pas une avancée : bref, la messe était dite !

Dès lors, j'ai compris que cette belle idée ne verrait pas le jour au sein de l'UIA, qu'il faudrait monter un réseau international nous-mêmes pour être opérationnels dans un maximum de pays dans le Monde, dans les délais les plus brefs.

Mon approche du problème a toujours été pragmatique, tenant compte des décalages horaires et des capacités d'intervention des pays, et donc nécessairement de leurs moyens financiers : monter un réseau international constitue un défi particulièrement difficile à relever !

Août 2002 : Inondations en Europe de l'Est

Contrairement aux séismes, les inondations sont prévisibles, notamment avec des systèmes de suivi météorologique par imagerie satellite. Généralement, en Europe, des alertes sont diffusées par les médias et la discipline des populations permet de sauver de nombreuses vies.

Dans le cas des inondations de l'Est de cet été 2002, le caractère exceptionnel a été relatif dans la mesure où, tous les 50 ans, une inondation de ce type se produit dans la même zone. Cette conjonction de facteurs cinquantenaires est donc relativement bien connue, et on sait évaluer également les conséquences. Cependant, bien qu'à cet effet des spécialistes travaillent toute l'année sur la prévention des risques, ils maîtrisent difficilement l'impact réel du phénomène naturel.

Pour cet Eté 2002, nous avons souhaité intervenir comme précédemment à plusieurs reprises, avec nos confrères locaux épaulés par les organisations professionnelles.

Deux pays furent particulièrement touchés : la République Tchèque et l'Allemagne. Dans une moindre mesure, l'Autriche et la Roumanie ont subi des dégâts également. Nous avions pris très tôt des contacts avec nos confrères allemands, tchèques et autrichiens. Une proposition fut présentée au Gouvernement roumain directement via son Ambassade en France. Les Tchèques souhaitaient nous faire intervenir rapidement pour la consolidation des expertises des bâtiments historiques du centre de Prague ; malheureusement, par souci de non-ingérence dans cette crise, ils ont fait marche arrière par la suite. En Allemagne, nos contacts via Heinz Kull et l'UIA nous ont permis d'organiser une action conjointe avec nos amis allemands sur la ville de Dresde notamment et son proche secteur géographique.

C'est à cette occasion que Dominique Druenne, un de mes anciens enseignants à l'École d'Architecture de Paris-Belleville, effectue sa première mission de terrain avec Jean-Paul Bertiaux et Guy Maronèse. Cela n'est pas simple : il faut valoriser notre jeune expérience et convaincre les autorités de nos intentions philanthropiques et non pas mercantiles : nous ne venons pas concurrencer nos collègues locaux ! Dans ce domaine, Jean-Paul et

Dominique sont convaincants et efficaces car une semaine après leur arrivée en Allemagne, « Architectes de l'Urgence Allemagne » existe avec un réseau d'une vingtaine de membres opérationnels immédiatement. Contrairement à nous, en France, ils n'ont pas bénéficié du soutien fondamentalement important de la profession et des régions.

Je leur suggère, parallèlement à cette intervention sur l'Allemagne, d'envisager une opération similaire en République tchèque. Avec de petits moyens, l'équipe se rend par la route à Prague où des relations étroites sont donc établies avec nos nombreux contacts locaux ; malheureusement, une opération équivalente à celle de l'Allemagne est difficilement envisageable du fait d'un puissant lobby des ingénieurs locaux, ne voulant absolument aucune intervention étrangère dans la gestion de cette crise.

Le bilan technique sur la République Tchèque, et plus exactement sur Prague, s'avère très riche d'enseignements. En effet, bien que le réseau du métro ait été prévu pour résister aux inondations de ce type - par des systèmes de protection, le renforcement des voûtes, etc. - l'eau est passée par-dessous, par les rails : tout était complètement inondé... Que se passerait-il à Paris, avec une inondation comme celle de 1907 ? Nous attendons toujours cette crue centenaire, théoriquement pour 2007... Autre point intéressant : des palissades de protection en aluminium, permettant d'empêcher l'eau d'envahir les quartiers en contrebas et notamment le centre historique de Prague ont démontré que ce système éprouvé lors de ces inondations constitue une solution technique peu coûteuse, mise en place rapidement et efficace de surcroît ! Il existait de bonnes idées à exporter, et cela partout dans le Monde.

La ville de Decin près de la frontière allemande, fortement touchée par les inondations est un secteur dans lequel nous avons essayé de travailler, à la demande des élus locaux, notamment sur toute une partie de la construction. Les conséquences que nous en avons tirées constitueront les problématiques récurrentes des constructions en dur en zones inondables. Toutes les infrastructures sportives, scolaires et de logement social de cette zone basse de la ville ont été fortement touchées. Comme en Algérie, on n'avait pas accepté les enseignements des précédentes inondations historiques : comme ailleurs dans le Monde, l'Homme oublie très vite la Nature...

Autre pays dans lequel nous avons envoyé une deuxième équipe à la demande du Gouvernement : la Roumanie. Touchée par une tornade très violente, la ville de Faecani, partiellement détruite, fait l'objet de toute notre attention. En effet, dès la demande officielle du Gouvernement Roumain, nous envoyons une équipe d'évaluation composée de Catherine Charles-Couderc, Medhi Baa et sa compagne, Marc Ben Levy et moi. Les Roumains sont francophones, ce qui simplifie énormément les relations.

L'accueil est particulièrement chaleureux, le Ministre du Secrétariat général roumain nous remerciant vivement de notre venue. Suivant une habitude bien établie désormais, je souhaite immédiatement que nos confrères Roumains participent avec nous à la mise en sécurité et à l'évaluation des dégâts. J'essuie un refus catégorique de la part du Ministre et le ton monte... Devant mon insistance, un peu surpris qu'on lui tienne tête, il finit par lâcher : « Si vous le souhaitez, appelez-les ! Moi, je ne les connais pas... »

Sans perdre une seconde, je donne au secrétaire du Ministre le numéro de téléphone de Serban Sturza, Président de l'Union des Architectes Roumains, une personnalité attachante et à la compétence reconnue. Quelques minutes plus tard, le téléphone sonne : Serban, stupéfait que je sois dans le bureau du Ministre, me donne son accord pour me rejoindre immédiatement...

La logistique ministérielle, cela ne surprendra personne, constitue un sésame puissant et les portes s'ouvrent rapidement ! Donc, tard dans la soirée, tout ce joli monde rallie la ville touchée par cette catastrophe, à 300 km à l'est de Bucarest. Comme toujours en pareil cas, ce sont les pauvres gens habitant les maisons les moins solides, en l'occurrence les Roms, qui souffrent le plus des cataclysmes : une tornade très violente, très localisée, a quasiment tout détruit sur une largeur de 200m, en bordure de cette ville. C'est un spectacle de désolation : arbres coupés à 5 m de hauteur, maisons envolées, toitures arrachées.

Notre intervention consiste donc en une aide aux architectes locaux, avec l'appui de Serban, afin de quantifier et d'évaluer précisément les destructions, en intégrant des conseils techniques à la reconstruction permettant le cas échéant de diminuer au maximum le risque en cas de nouvelle tornade. Sur ce point, la technicité étant le point fort de Catherine, fille de charpentier, elle n'hésite pas à monter sur les toits - ou sur ce qui en reste... - et à jouer du marteau... Bravo, l'artiste !

Laissant l'équipe à son travail d'évaluation, de retour sur Bucarest, je rejoins Serban pour une réunion avec des membres de l'École d'Architecture de Bucarest et de l'Union des Architectes Roumains. Je tiens à rendre un vibrant hommage à tous ces confrères, sortant de la torpeur des années de dictature, encore marqués par ces moments difficiles, qui ont fait preuve à notre égard d'une humanité et d'une sympathie que je n'oublierai jamais ; j'ai encore mesuré ce jour-là que la France - terre d'accueil - reste pour beaucoup d'étrangers terre de liberté.

Plus tard dans la soirée, je visite Bucarest en compagnie de Serban. L'incroyable confrontation - surréaliste à bien des égards - entre le passé ancien et le passé récent de cette ville éclate d'une manière fulgurante et montre la folie des hommes : une partie de la ville ancienne a été complètement détruite pour construire le palais du dictateur immédiatement en face de celui de son épouse... Le périple se poursuit par la Grande Place et l'ancien Palais présidentiel. Ensuite, nous errons dans Bucarest un long moment ; chemin faisant, il me narre avec humour la tragique histoire des fractures urbaines de Bucarest, me montrant des églises déplacées, des rues en impasse, des rues coupées...

Il m'offre ensuite l'hospitalité chez lui : sa maison familiale se situe à quelques centaines de mètres du Palais présidentiel, dans un secteur au passé très chic, devenu quasiment désertique. Il me conte avec douleur son histoire familiale, la spoliation de tous les biens de sa famille - notamment un certain nombre de toiles de maîtres qu'il essaie encore actuellement de retrouver - et l'expulsion de cette grande maison. Il me montre son agence, une grande pièce au rez-de-chaussée de cette immense maison, qui devait tenir lieu d'office à la grande époque. De même - accédant à ma demande - il me laisse entrevoir le reste de l'habitation ; cachant avec peine sa gêne, il tire un rideau épais et laisse apparaître l'une des pièces principales complètement laissée à l'abandon, emplie d'un enchevêtrement d'objets plus ou moins cassés, une véritable blessure pour lui, amoureux des belles choses de la grande démocratie, de la France.

Notre conversation se poursuit une grande partie de la nuit. Il évoque Timisoara, sa ville d'origine, et ses souvenirs de la fin du dictateur, comme si le temps ne s'arrêtait pas, comme s'il était encore là, présent, pesant... Un grand merci, Serban, pour tes qualités humaines !

Dressons le bilan : dénués de moyens, nous avons réussi cependant à intervenir simultanément dans trois pays différents, à prendre une place laissée vacante, à démontrer aux autorités et aux confrères découvrant le mode opératoire, toute la pertinence de notre intervention. Nous pouvons avancer un autre facteur positif : l'acceptation et la reconnaissance naissante de la part de la profession, des autorités et, évidemment, des sinistrés de plusieurs pays, ravis de nous rencontrer.
Par contre, nous ne sommes toujours pas présents sur les camps de réfugiés ni dans la gestion d'urgence du relogement des populations touchées par les catastrophes : je m'impatiente de plus en plus ! Quand aurons-nous les moyens de faire de la reconstruction post-catastrophe ?

Septembre 2002 : inondations torrentielles dans le Gard

Fréquemment, à la fin de l'été, des précipitations importantes arrosent le massif des Cévennes, dans le Sud de la France ; les inondations torrentielles qui en découlent sont bien connues pour leur dangerosité. Quelques catastrophes importantes dans l'histoire - même récente - nous enseignent que le risque est toujours présent dans cette région. Les crues de Vaison-la-Romaine et de Nîmes, dans les années 90, nous ont rappelé récemment encore que la violence de l'eau pouvait être très meurtrière.

Parmi les inondations dangereuses, celle de septembre 2002, dans le Gard, restera l'une des plus dramatiques. La catastrophe concerne tout le département : réseau routier très affecté, routes inondées, ponts emportés, communications interrompues pendant de nombreux jours, des secteurs sans système GSM pendant plus d'une semaine... Malgré les alertes mises en place, on retrouve le phénomène récurrent des constructions en secteur inondable, et donc touchées par la catastrophe !
Si certains équipements doivent toujours être opérationnels, ce sont certes les gendarmeries, les centres de secours et les hôpitaux. À Sommières, les premiers bâtiments inondés lors de cette crue seront... la gendarmerie et le centre de secours ! Ces bâtiments, construits en zone inondable - très récemment - au mépris des règles élémentaires de réduction des risques, ont donc rendu inactifs les systèmes de secours de cette commune. Le Vidourle est bien connu pour ses colères presque annuelles, et construire des équipements aussi importants dans sa zone de débordement est une aberration grave ; en outre, le contribuable supporte le coût de la remise en état de ces bâtiments publics : c'est scandaleux !

Hélas, en France, il ne s'agit pas d'un cas isolé car la responsabilité des élus, notamment pour dégager du foncier constructible dans des zones avec moins de risques, est entière. En effet, les élus définissent des plans locaux d'urbanisme (appelés dans le passé "plans d'occupation des sols", POS) mais il conviendrait d'y intégrer des plans de prévention des risques. Très souvent, on constate que les zones constructibles sont très différentes des cheminements connus des dernières inondations ; en effet, pour protéger des intérêts financiers souvent très importants, un pâturage inondable peut devenir un secteur urbanisable par simple volonté d'un conseil municipal !

J'ai souvent remarqué aussi qu'en France, les agriculteurs siègent en nombre élevé dans les conseils municipaux ; propriétaires terriens importants, ils bénéficient du changement d'affectation d'un terrain agricole en terrain constructible et des plus-values consécutives, parfois considérables. Élus démocratiquement, ils constituent des groupes de pression pour que la gestion de la commune et son développement soient en adéquation avec leurs propres intérêts : il s'agit là d'une perversion du système, n'en déplaise à beaucoup de mes amis ! (On ne peut s'empêcher de citer Coluche : « On est tous égaux, mais il y en a qui le sont un peu plus que d'autres ! »)

Catherine Charles-Couderc fut, comme d'habitude, la première intervenante dans cette catastrophe : s'étant rendue disponible, abandonnant clients, rendez-vous de chantiers, elle écume en voiture toutes les routes du Gard et procède à un repérage adapté des secteurs touchés, ville par ville, village après village... Au fur et à mesure de ses informations, des contacts pris avec nos confrères régionaux et notamment avec l'Ordre des Architectes de la Région Languedoc Roussillon, nous organisons notre déploiement sur le terrain. Le président du CROA Languedoc-Roussillon de l'époque, Christian Combes, que j'avais déjà rencontré à plusieurs reprises, nous aide à prendre en charge la mobilisation des troupes locales ; il nous faut au minimum une centaine de personnes pour être opérationnels. Christian Combes et Thierry Martinez démontrent une efficacité redoutable pour mettre en place une de nos premières missions compliquées dans la mesure où il faut intervenir simultanément sur quatre sites différents.

Lors d'une première réunion, affichant notre ambition de gérer cette crise, je rencontre un certain nombre de piliers de l'organisation actuelle, tels Yves Justin et sa compagne Florence Hanin : Yves, la bonne quarantaine corpulente, souriant, d'une compétence technique rare - du parasismique au nucléaire... - et ne refusant jamais la moindre sollicitation et Florence, les pieds sur terre, directive, intellectuelle par excellence, conceptualisant tout. Ces deux solides vecteurs du développement de notre organisation ne ménagent pas leur temps - emmenant même leurs enfants dans des réunions interminables - pour aller jusqu'au bout de leurs convictions : aider les personnes en détresse. (« Well done ... »)

Ensuite, nous ouvrons un bureau à Nîmes, puis centralisons la totalité des interventions prévues sur les différents sites pour optimiser l'efficacité des équipes sur le terrain. L'expérience acquise à Toulouse nous a confortés dans la nécessité des binômes d'architectes gérant une même intervention en commun : l'un - en charge de l'aspect humain - écoute longuement et réconforte le sinistré et l'autre effectue le diagnostic technique rapide de la situation. En outre, une telle approche renforce la fiabilité de la démarche puisqu'elle permet le regard critique du confrère, notamment en cas de décision difficile pour l'évacuation de bâtiments. Cette méthode, demandant certes un doublement des personnes sur le terrain, présente l'extraordinaire avantage de la grande fiabilité, la sécurité étant le point fondamental de notre intervention.

Au cours des mois suivants, notre intervention est montée en puissance, relayée par les élus locaux, très souvent bien esseulés face à un tel marasme. Notre communication commence alors à porter ses fruits : de plus en plus d'élus ouvrent leur mairie à nos équipes, offrant logistique et demandant notre aide. Ils contribuent à notre reconnaissance technique dans ce domaine précis de l'urgence traitée avant nous par les pompiers.

Le dimanche suivant les inondations, le secrétaire de mairie d'Aramon m'appelle sur mon portable vers 7H00 du matin : « Nous avons 450 maisons à expertiser tout de suite ; pouvez-vous venir ? Le maire a assez d'ennuis comme cela, nous ne voulons plus prendre le risque d'un mort de plus ! ». Immédiatement, je réponds : « On arrive ce matin même ! ».

Je ne dispose pas des hommes et il faut les trouver ! Mobilisant avec efficacité l'énergie commune, tous ensemble nous « mettons le paquet » et en fin de matinée est ouverte une permanence à l'école primaire avec une ligne téléphonique. Sous l'impulsion d'Yves Justin, le travail de terrain peut commencer. Dès que le niveau de l'eau baisse apparaissent les blessures d'un village meurtri par les éléments. La colère des sinistrés se manifeste pourtant contre le seul responsable, à leurs yeux : le Maire, Jean Mahieux... Les inondations provoquées partiellement par les ouvrages d'art sont assez fréquentes : Aramon en constitue un malheureux exemple.

Dès l'ouverture de notre bureau, les sinistrés affluent, prenant la file d'attente, résignés, un peu hébétés. Naturellement, Yves réconforte les gens, parfois en pleurs. Je me tiens à ses côtés, cependant en retrait. Volontairement, pour avoir l'esprit libre et ne pas être affecté, j'évite en général délibérément d'entrer en contact avec les sinistrés. J'assiste à un instant difficile, dont j'ai reparlé plus tard avec Yves : une dame d'une bonne soixantaine d'années, très digne, vient nous voir, expliquant qu'elle loge des personnes qui viennent de perdre leur fille dans la catastrophe ; elle vient pour en parler et aussi pour pleurer parce qu'elle ne peut le faire en la présence de ces gens qui ont tout perdu ; elle tombe alors en larmes dans les bras d'Yves : en professionnel, il fait ce qu'il peut, ému comme nous l'étions tous...

À l'heure du bilan, on constate que cette opération aura fait travailler ensemble plus de 120 architectes, venus de la région et de toute la France, réalisant des centaines d'expertises, de mises en sécurité et de conseils techniques dans un esprit de générosité, comme à Toulouse ou dans la Somme.

Pourtant les élus confrontés à ce problème et nous, professionnels de la construction, n'avons pas atteint nos objectifs communs : réaliser de la reconstruction groupée, élaborer un outil exemplaire pour régler rapidement, avec technicité et efficacité, les problèmes de logement consécutifs à la catastrophe, ne pas laisser les sinistrés seuls face à leurs compagnies d'assurances !

Quatrième partie :
2003, une année difficile

1er mai 2003 : tremblement de terre au Kurdistan turc

Je n'aime pas le Premier Mai, jour de la Fête du Travail : j'ai le souvenir de beaucoup de désagréments personnels survenus ce jour-là ! En plus, en France, à cette époque de l'année, il fait encore froid...

J'avais été invité à faire une présentation du travail effectué depuis deux ans au "*Royal Institute*" des architectes australiens à Canberra ; il m'arrive assez fréquemment de participer à des conférences à l'étranger, Japon avec Shigeru Ban, Mexique, Argentine,... La présentation faite au Comité Exécutif du "*Royal Institute*" des architectes australiens s'était très bien passée, les auditeurs se montrant assez sensibilisés par la démarche que nous avions en France et également intéressés par la transposition de cela sur la problématique des feux de brousse (buch fire) très fréquents en Australie.

Alice m'appelle à ce moment, un peu affolée : « Tremblement de terre en Turquie ! Qu'est-ce que l'on fait ? On y va ? ». Comme toujours, mon premier réflexe est de dire : « Oui, bien sûr ! ». Mais, d'évidence, je suis très éloigné de la zone concernée et il faut absolument trouver et envoyer des intervenants immédiats en reconnaissance.

L'initiative est prise d'entrer en relation immédiate avec quelques contacts que nous avions eus en Turquie lors du dernier congrès de l'UIA à Berlin. La Turquie est un grand pays : une distance de plus de 1500 km sépare la zone de Bigöl du lieu du séisme et nos interlocuteurs étaient donc très loin de la zone touchée. Ce séisme d'une magnitude de 6 degrés, a été riche d'enseignements sur plusieurs points :

■ le recrutement et la formation :

Préalablement à cette catastrophe, notre système de recrutement était essentiellement fondé sur la cooptation, en fonction de nos disponibilités. Notre formation urgentiste s'est effectuée au fur et à mesure des catastrophes. Un des critères importants pour participer aux actions d'urgence était, à cette époque, d'avoir des compétences reconnues et une activité professionnelle propre en architecture. Ces critères furent longtemps ceux utilisés pour envoyer des personnes sur le terrain, un faible encadrement suffisant très largement pour veiller à la bonne gestion des opérations.

- ■ la limite d'intervention :

Dans le cas présent, l'échelle du séisme n'est pas assez importante pour justifier un déploiement lourd sur le terrain. Théoriquement, le pays et les professionnels locaux ont la capacité pour répondre à cette catastrophe. Avec le recul du temps, je pense que notre rôle, comme lors du tremblement de terre de 1999, a consisté essentiellement à témoigner.

- ■ la géopolitique locale :

Le contexte politique a son importance dans ce type de crise, le secteur touché se trouvant au Kurdistan turc. Les sensibilités des uns et des autres, à fleur de peau, entraînent une vigilance extrême.

Nous assumons l'entière responsabilité des confrères en mission sur le terrain ; cependant, faute de trouver des personnes habituées à intervenir dans ce secteur particulier de l'urgence, nous envoyons une équipe composée d'Antoine Konopka et de Christine, tous deux inexpérimentés dans ce domaine. Ce binôme n'a bénéficié d'aucune formation ; malgré cela, sa mission, assez simple au demeurant - évaluer pour rendre compte - est remplie efficacement.

Néanmoins, des contacts téléphoniques répétés nous révèlent assez rapidement que notre présence est inadaptée, voire malvenue dans ce secteur politiquement sensible. Immédiatement, nous interrompons la mission dont l'enseignement majeur orientera notre action ultérieure : il convient de gérer les dossiers avec beaucoup de professionnalisme.

21 Mai 2003 : tremblement de terre en Algérie

Le jour de la Finale de la Coupe d'Europe des clubs champions, en Algérie - comme dans beaucoup de pays d'Afrique dans lesquels on aime le football - cet événement est regardé en famille, à la maison. Dans la soirée, à l'heure du match, une secousse d'une magnitude de 6,8 touche l'est de la ville d'Alger, l'épicentre de ce séisme se trouvant à quelques kilomètres de la ville de Zémouri.

Tôt le matin, je suis prévenu par un coup de téléphone et les nouvelles tombent, de plus en plus alarmantes. Il s'avère impossible de contacter nos amis architectes sur place à Alger, le câble téléphonique reliant cette ville à la France étant coupé par le séisme... André Vinet, architecte et radio amateur, « jeune homme » presque septuagénaire, réussit à informer Alger de notre intention d'intervenir dès que possible. Didine, Secrétaire du Conseil National de l'Ordre des Architectes Algériens, rapidement averti, contacte son président, Lazhar Djilali.

L'équipe d'évaluation se compose de quatre personnes : Dominique Druenne, le Professeur Marc Ben Levy, Corinne Belle une nouvelle recrue, et moi-même. Dès notre arrivée, les autorités nous accompagnent, nous facilitant la tâche et rendant efficace notre intervention sur le terrain. Toutefois, nous cherchons à nous libérer un peu de leur prévenance pour disposer d'une meilleure autonomie. Le soir même, la télévision algérienne retransmet notre arrivée à l'aéroport d'Alger ; nous ignorons encore aujourd'hui comment l'information de notre arrivée a circulé : par le "téléphone arabe", peut-être...

Le déploiement d'énergie de la population algérienne dans cette catastrophe est exemplaire. De même, le comportement des autorités, l'intervention de l'armée ainsi que des unités de la sécurité civile algérienne sont remarquables, à la hauteur de l'événement, en démontrant des qualités professionnelles et beaucoup de sens de l'organisation. Par convois entiers, des dizaines de camions affluent de toute l'Algérie au secours des populations touchées ; tous les Algériens, très sensibles à ce grand malheur, manifestent un esprit de solidarité et une incroyable générosité, partout visible. Le peuple algérien fait preuve de beaucoup de vivacité pour aider ses concitoyens dans la douleur. À peine relevée de ses difficiles années de terrorisme, l'Algérie est dans la rue, prête à redresser ce pays si magnifique et si proche de nous, Français, par notre histoire commune.

Comme les Algériens, notre petite équipe aux solides convictions poursuit un objectif commun : contribuer à cet effort, ensemble, avec humanité et compassion. L'accueil de nos confrères est excellent, d'une générosité exemplaire, une leçon d'humilité...

Une fois encore, face au constat, notre cadre d'intervention sur la mise en sécurité des bâtiments nécessite une mise en place exceptionnelle : sur une cinquantaine de kilomètres, des destructions à différents degrés, des bâtiments couchés, des immeubles effondrés en « mille-feuille » et des dizaines de bâtiments avec un rez-de-chaussée devenu inexistant. Notre tâche consiste à mettre en sécurité des bâtiments, équipements publics ou logements collectifs à plusieurs niveaux, avec une grande responsabilité : prendre la décision de laisser ou non l'accès aux bâtiments...

Les autorités algériennes, toujours très organisées, nous insèrent dans le dispositif rapidement, et les quelques Français, parmi près de 200 architectes et ingénieurs algériens, se rendent sur le terrain au fur et à mesure des demandes locales afin de faire les évaluations des bâtiments touchés. Le « code couleurs » (vert, orange, rouge), mis en place par les autorités, appliqué par tous en un minimum de temps, permet de classer un maximum de bâtiments : verts donc habitables immédiatement, rouges pour les bâtiments effondrés, et oranges pour ceux nécessitant des investigations et d'éventuels renforcements importants et devant donc être évacués immédiatement. À ce moment, cette lourde responsabilité que nous assumons prend réellement tout son sens.

Marc Ben Levy, français natif d'Alger, a la lourde responsabilité de la mise en sécurité d'une tour d'habitation de 15 étages, à Rouiba. L'évacuation avait été ordonnée en accord évidemment avec le confrère algérien, son binôme. Quelques heures plus tard, une réplique forte, de magnitude six, provoqua l'effondrement de cette tour ; quatre personnes, parties rechercher des affaires dans ce bâtiment, malgré l'interdiction formelle de pénétrer, y ont laissé la vie !

Cette compétence et ce sens des responsabilités ont, sans aucun doute, forgé notre crédibilité, nous apportant dès lors une reconnaissance internationale.

Par la suite, Yves Justin, Malik Aït Hamara, Guy Maronése, Abdelraim Bouchemal et Lucchiana Zorzal, assurent la relève de cette action d'urgence d'une durée totale de près de trois semaines. Pour tous, les moments difficiles sont les répliques peu nombreuses mais très fortes. Vers 17 h 30, le mardi suivant le séisme principal, une forte réplique secoue le secteur déjà fortement endommagé ; je suis en voiture, roulant au pas, à la sortie de Boumerdès ; au moment où nous nous engageons sur un pont, notre véhicule se trouve secoué avec une violence impressionnante, les lampadaires se mettent à se balancer, le pont à « twister » comme de la guimauve et une grue s'effondre à côté de nous... Je crie à notre ami conducteur, Malik Aït Hamara : « Recule, vite, recule... c'est une réplique ! ». Incroyable est la puissance de la Nature : tout petit, l'Homme n'a vraiment qu'à bien se tenir en face d'une pareille débauche d'énergie !

Deux jours plus tard, comme à notre habitude nous sommes rentrés à notre hôtel, - celui que nous ont réservé les autorités algériennes - très confortable, assez proche des sites très touchés. Ce soir-là, l'ambiance est bonne, nous sommes déjà tous très fatigués par plusieurs jours de travail intensif, et aussi par la pression de la responsabilité que nous avons sur les épaules. On est à la fin du mois de Juin ; il fait chaud et les portes sont ouvertes ; on entend les chiens aboyer d'une manière insupportable... Je vais me coucher vers une heure du matin, au deuxième étage, dans ma confortable chambre d'hôtel et les chiens continuent à aboyer. Je ne sais pas pourquoi, sûrement par intuition, je me couche tout habillé. Vers 3 h 15 du matin, une violente réplique frappe encore une fois l'Est d'Alger ; immédiatement, je bondis de mon lit, tout craque à intérieur de la chambre, je cours au rez-de-chaussée en me plaquant contre les parois de l'escalier, me cognant de part et d'autre des murs... Arrivé en bas, je retrouve dehors tout le personnel de l'établissement : comme moi, comme nous tous, chacun a peur, chacun a essayé de sauver sa vie... Quelques secondes plus tard, Dominique arrive également puis Yves.

Une seule manque à l'appel : Corinne ! Je l'appelle, de la réception ; elle paraît complètement choquée... Je l'invite fermement à descendre immédiatement et ce avec la « douceur » légendaire que l'on me connaît ! Elle est complètement paniquée...Plus tard, elle déclarera qu'elle avait été réveillée instantanément, au début de la réplique, mais que, tétanisée par la peur, elle avait été incapable de bouger, de s'habiller... Elle avait même tenté une chose étonnante : se glisser sous son lit ; mais, comble de l'ironie, elle n'a pu y parvenir, l'espace y étant insuffisant...

À la question souvent posée : « Que faut-il faire en cas de séisme ? Rester à l'intérieur de la construction ? S'enfuir en courant ? », je n'ai pas de réponse toute faite. Je ne prétends pas donner de leçon. Je pense que j'ai un réflexe de survie, qui me fait agir immédiatement, pour sauver ma peau. Dans ce séisme du 29 Mai 2003, beaucoup de personnes se sont jetées par la fenêtre, pensant que le bâtiment allait s'effondrer sous elles : qu'aurais-je fait à leur place ? Une chose est sûre : méfiez-vous lorsque vous entendez aboyer les chiens...

Forts de cet enrichissement technique et humain et de l'analyse des catastrophes comme celle-ci, nous avons acquis au fur et à mesure des séismes une réelle expertise, une connaissance du comportement des constructions. La nécessaire adéquation finale entre l'argent pour construire, les types de risques de la zone considérée et les règlements en vigueur dans les pays concernés rendent difficile la réalisation de constructions sans risque pour les populations, et cela spécialement dans les pays en voie de développement. En effet, ce même séisme aux États-Unis (Californie, par exemple) ou au Japon, aurait peut-être été considéré localement comme un séisme mineur : il aurait fait quelques lignes dans les journaux du lendemain...

Le constat s'impose : selon que vous serez "puissant ou misérable", la fatalité n'aura pas le même prix... ni votre vie ! C'est ainsi que nous avons tous observé un certain nombre de constructions très défaillantes avec des qualités de béton très mauvaises, des accrochages de poteaux ou poutres mal réalisés...

Les constructions en béton constituent la solution la plus développée dans beaucoup de pays, notamment pour les logements collectifs. Or, il s'agit d'une construction très technique, aussi bien au niveau de la conception et du dimensionnement des ouvrages que pour la mise en œuvre qui doit être réalisée dans les règles de l'art : on en a mesuré malheureusement les conséquences à l'occasion de ce séisme... En théorie, un réseau poteaux poutres correctement dimensionné, exécuté correctement, doit résister à un séisme de magnitude équivalente et même supérieure à celle du 21 Mai 2003. Qu'on me permette cependant un certain scepticisme sur l'application, même parfaite, en zone fortement sismique, de ce type de construction. De plus, il paraît évident que la conception architecturale des bâtiments induit des réactions et des comportements différents ; en effet, comme l'explique bien Milan Zazeck[1] dans ses ouvrages, la conception architecturale a un rôle essentiel dans une construction parasismique. Par ailleurs, nous savons également qu'il est possible de renforcer des bâtiments pour qu'ils deviennent parasismiques, et qu'ils ne tuent pas : mais cela engendre un coût !

En l'occurrence, après chaque réplique, l'angoisse nous étreint car laisser les gens rentrer dans leur maison ou leur logement constitue une lourde responsabilité : pourvu que les bâtiments restent encore debout ! Discrètement, après chaque réplique, nous allons nous rendre compte sur place et conforter les choix que nous avons réalisés. Heureusement, jusqu'à présent, après des milliers d'interventions de ce type pour la mise en sécurité, aucun d'entre nous n'a commis l'erreur irréparable, et c'est une très grande satisfaction !

Au fil des jours, les Algériens se mettent à revivre, à se parler : quelque part, le séisme les a rapprochés les uns des autres. Et pourtant, une semaine après le séisme, près d'Alger, des exactions terroristes reprennent sur les populations civiles, sur de pauvres gens, comme si cela ne devait pas s'arrêter : n'y a-t-il pas eu assez de morts ?

À nos amis algériens (Lazard, Didine, Ahmed, les Mohamed, Saïd,...), je témoigne ma vive reconnaissance pour leur fraternité et leur humanisme. Ensemble, nous avons sûrement un peu contribué à ressouder la déchirure franco-algérienne, ce passé douloureux entre les deux pays. Au-delà des gestes professionnels, et avec conviction, la parole, l'écoute et la vie en commun constituent des instants de grande humanité.

---

[1] Référence à des nombreux ouvrages très pédagogiques sur la construction parasismique

Décembre 2003 : inondations dans le sud de la France

À partir de la deuxième moitié de 2003, mon activité professionnelle d'agence change radicalement ; en effet, comme beaucoup d'autres architectes, j'avais coutume de répondre aux appels d'offres en maîtrise d'œuvre, essentiellement sur les marchés publics. Jusqu'en mai 2003, sur le nombre important de dossiers envoyés, un retour favorable, bien que faible, existait. Mon objectif professionnel n'était pas vraiment de me développer, mais plutôt de stabiliser mon activité pour m'assurer un certain niveau de vie.

De retour d'Algérie, j'attendais avec impatience les résultats d'une consultation avec mise en concurrence pour la restructuration d'une résidence universitaire ; certes, un travail pas franchement exaltant, mais un moyen de gagner ma vie correctement. Au premier contact avec la commission, je sens dès le début de l'entretien, que son opinion ne m'est pas favorable. Comme la réponse ne m'est pas notifiée, je prends l'initiative d'un contact téléphonique et l'on m'annonce ce que je pressentais : « Monsieur, votre proposition n'a pas été retenue..., nous avons connaissance de vos engagements extérieurs..., vous n'êtes jamais là et même vos confrères le disent ! »

Ces propos me blessent et, comme à mon habitude, je réponds immédiatement : « Cher Monsieur, je pense que nous ne collaborerons jamais ; par conséquent, il m'est loisible d'exprimer clairement mon opinion : je suis scandalisé que votre engagement dans les œuvres universitaires et sociales ne vous incite pas à plus d'ouverture envers quelqu'un dont l'implication bien connue dans des missions humanitaires l'amène à poursuivre des objectifs très proches théoriquement de vos préoccupations. Vos propos de confrère jaloux et cupide traduisent un objectif évident : supprimer un concurrent ! »

On m'avait pourtant bien prévenu, des années auparavant : « faire de l'humanitaire » est une chose difficile, d'une ingratitude incroyable. Je n'imaginais cependant pas être sanctionné et marginalisé par mes propres confrères ! Depuis sa création, notre organisation a travaillé avec une ardeur saluée par des communiqués de presse rendant hommage à notre honnêteté et à notre passion. Au fil du temps, je n'ai pas un instant intégré le fait que des confrères, continuant à travailler dans l'ombre, sans aucun retour médiatique, sans prendre le moindre risque pour eux-mêmes, jalousaient ce que nous avions mis en place et les retombées de communication importantes dont nous avons bénéficié ! En conséquence, à partir de l'Eté de 2003, j'ai cessé de répondre aux appels d'offres pour les marchés publics dans ma région et je me suis concentré sur les marchés privés.

Le recentrage de mon activité personnelle sur les opérations courantes de l'activité professionnelle d'un architecte, m'a permis de consacrer beaucoup de temps à la collectivité, c'est-à-dire à la structuration des « Architectes de l'Urgence », tout en générant des ressources suffisantes pour maintenir mon niveau de vie.

Je choisis de travailler dans le secteur privé et de m'attaquer à la promotion immobilière sur des petites opérations. Ce n'est pas un secteur facile, très souvent risqué, mais qui m'éloigne en partie des systèmes de mise en concurrence classique.

C'est alors qu'en décembre 2003, des inondations importantes en Arles et dans les environs à la suite d'un débordement du Rhône, nous amènent à intervenir, comme à l'accoutumée, et nous mettons en place précocement les évaluations nécessaires. La ville basse d'Arles a souffert de l'engorgement du dessous d'un pont SNCF permettant ainsi à l'eau d'inonder le contrebas. L'accueil de nos confrères d'Arles se révèle cordial ; ils nous aident à nous rendre rapidement opérationnels et valorisent notre travail auprès des élus et des populations touchées par cette catastrophe.

Contrairement à ce qui s'était produit dans la Somme, les pouvoirs publics mettent en place - par l'intermédiaire de l'Allemagne notamment - un système de pompage efficace et adapté, dans les jours qui suivent l'inondation. Ce réflexe simple constitue la bonne réponse dans le traitement de ce problème, évitant ainsi des difficultés de relogement et permettant aux constructions de souffrir beaucoup moins. La Commune d'Arles nous contacte pour nous charger, dès que l'eau se retire, de donner un avis sur les demandes de relogement effectuées par les sinistrés, en nous rendant dans chacune des maisons touchées. Nous sommes à quelques jours de Noël : beaucoup de confrères sont déjà en vacances. La difficulté est énorme pour trouver des architectes disponibles. Yves Justin, bien sûr, toujours fidèle au poste, Malik Aït Hamara, un nouveau - Hervé de Truchis, « jeune garçon » d'une soixantaine d'années bourré d'énergie - et d'autres encore, tous ensemble, nous travaillons samedi, dimanche... dans l'humidité et le froid, sans nous plaindre, par conviction, par envie de faire.

Déjà, en Algérie, le problème de la gestion des déchets consécutifs au séisme de Boumerdès m'avait profondément interpellé. Mais, en Arles, j'ai vraiment pris la mesure de l'ampleur du problème, et des solutions complètement inadaptées. Par la suite, j'ai essayé à de nombreuses reprises de mettre en place des programmes de traitement des déchets, pour ne pas uniquement me contenter de parler de développement durable, mais le mettre en œuvre. Reconnaissons que des avancées peuvent être constatées et que, à terme, nous aboutirons à des programmes exemplaires, s'inscrivant dans le développement durable et la relance économique viable.

26 Décembre 2003 : tremblement de terre en Iran

Le jour de Noël, avec Julien, mon neveu, Tony un ami, et Raphaël mon plus jeune fils - l'aîné, Quentin, ne nous avait pas accompagnés - nous passons la nuit en Baie de Somme. Le lendemain, sur la route du retour, vers 10h du matin, un coup de fil m'annonce un séisme particulièrement meurtrier à Bam, en Iran. Immédiatement, nous enclenchons le dispositif pour intervenir en Iran, conscients des difficultés à la fois politiques et techniques d'une telle décision pour une jeune organisation comme la nôtre. En fait, c'est notre Afghan responsable de la mission à Kaboul, Ashmat Froz, qui a donné l'alerte en se portant également volontaire. Parlant le persan, il sera d'une grande utilité. À ma grande surprise, les autorités iraniennes se montrent ouvertes et très coopérantes, nous délivrant des visas immédiatement, mais de très courte durée malheureusement, pour une semaine : il faudra faire avec...

Depuis longtemps, la nécessité d'interventions multinationales coordonnées me préoccupait : il paraissait fondamental d'offrir aux pays confrontés aux difficultés et demandant l'aide internationale - comme c'était le cas cette fois avec l'Iran - une réponse internationale structurée. Cela supposait la conception préalable d'équipes internationales prêtes pour les interventions et non pas la présence simultanée d'équipes de différents pays intervenant en quasi-concurrence sur le site de la catastrophe.

Notre force, évidemment limitée, réside dans notre rapidité à nous rendre sur le site, à évaluer rapidement les raisons qui ont conduit à une catastrophe aussi importante et, souvent à la demande des journalistes, à soulever les points significatifs - notamment en corrélation avec le mode de construction - ayant causé un nombre si important de victimes. Par la suite, une évaluation approfondie des besoins, avec l'appui de l'imagerie par satellite et les investigations sur le terrain permet normalement de quantifier précisément le nombre de destructions et le coût total d'une reconstruction globale. Après cela, nous travaillons sur la reconstruction, intégrant la réduction des risques - dans le cas présent le parasismique - tout en traitant du mieux possible le volet environnemental. Sur ce point, la majorité des constructions en terre de Bam mérite une attention particulière, mais présente une sérieuse difficulté technique.

On comprend qu'avec un programme aussi important, notre visa d'une semaine s'avère très court. La mise en pratique du concept d'internationalisation d'une intervention - que je continue aujourd'hui encore à défendre ardemment - m'amène à constituer une équipe de trois personnes de trois nationalités différentes. Pour cette évaluation, il s'agit d'Ashmat Froz, l'Aghan, d'Alexandre Minau, un Roumain recruté par Jean-Paul, et moi-même. Un journaliste de « France 3 », Benoît Henrion, nous accompagne afin de témoigner du travail réalisé par notre équipe dans sa mission d'évaluation.

Quarante-huit heures après l'appel à l'aide internationale lancé par les autorités iraniennes, nous arrivons à Bam, dans le sud du désert iranien, dans cette oasis qui a souffert de façon absolument incroyable. Parmi toutes les scènes de désolation auxquelles j'ai assisté depuis plusieurs années, le sinistre de Bam demeure un souvenir terrible : partout les mêmes incroyables destructions, peu de bâtiments encore debout, la mort présente partout... Des ombres, des silhouettes en divagation dans cette ville détruite, le regard perdu dans un vent glacial chargé de poussière et du sable du désert, offrent une vision d'Apocalypse en cette fin d'année 2003...

L'importance de notre présence réside dans notre capacité à témoigner, à exprimer techniquement l'incompréhensible, à proposer une raison à ces milliers de victimes innocentes, à expliquer sinon à justifier - cela n'est pas possible ! - un nombre de morts si important. En arpentant cette ville, des scènes de désolation nous accablent, nous sommes devenus spectateurs, avec la lourde tâche de témoigner pour que ces gens ne soient pas laissés à l'abandon, pour que la reconstruction puisse démarrer vite avant qu'une autre catastrophe ne survienne ! Nous sommes presque les seuls techniciens sur place, à ce moment, capables de répondre aux questions que le Monde incrédule se pose et j'explique à la demande des médias - radios, télévisions... - par une approche technique ce qui est advenu aux constructions. Un certain nombre de questions précises concernent des bâtiments récents, visiblement très mal construits dans cette zone non répertoriée comme fortement sismique, comportant parfois des constructions métalliques manquant réellement de technicité dans la conception et la mise en œuvre.

Le déploiement des secours s'avère conséquent, mais assez souvent inadapté. Du monde entier, des équipes de secouristes assurent la lourde tâche de relever les cadavres, parfois avec des moyens complètement inadaptés. L'une des difficultés de ce type d'intervention de sauvetage tient dans l'information - essentielle - sur la nature de l'aide demandée : dans le cas présent, la terre constitue le matériau utilisé dans la grande majorité des constructions détruites ou fortement endommagées ; or, ce type de construction laisse peu de gens vivants au-delà de quelques heures et les moyens de déblaiement sont complètement différents de ceux à déployer quand il s'agit de constructions en béton, par exemple. Des informations imprécises ayant été diffusées, des avions apportent à Bam des cargaisons entières de matériel de déblaiement concernant des constructions en béton. L'incompréhension nous envahit tous en voyant le matériel repartir dans son pays d'origine, sans avoir été débarqué : voilà des finances, de l'énergie et des heures de travail inutilisées...

Dans ce cas, en liaison avec les pouvoirs publics, un réseau structuré d'experts permettrait en quelques minutes de spécifier les typologies des constructions d'un lieu ou d'une ville, induisant ainsi le matériel adéquat et évitant ce type d'erreur inacceptable. Cela suppose la concertation avec quelques spécialistes ayant déjà assisté à un grand nombre de catastrophes ; ils prendraient ainsi la responsabilité de l'envoi d'équipements « ad hoc » et prodigueraient des conseils adaptés à la situation.

Par ailleurs, depuis de nombreuses années, à la suite de contacts répétés avec les représentants de la Sécurité Civile française - spécialisée dans le sauvetage et le déblaiement - et nos amis de Secouristes Sans Frontières, a été mise en évidence l'insuffisance d'un appui technique facilitant les recherches de personnes dans des bâtiments effondrés. L'un des risques les plus importants, lors de la découpe d'éléments structurels, réside dans l'effondrement du bâtiment à la fois sur les victimes et sur les personnels de secours. Une possibilité d'intervention conjointe avec les équipes de sauvetage et de déblaiement consiste, à la vue de la lecture technique du bâtiment, à aider à retrouver des victimes à partir de la recherche de poches potentielles de survie. Peu de personnes sont capables d'assumer ce rôle humainement très difficile parce qu'il génère de grandes responsabilités. Et pourtant, depuis de nombreuses années, nous savons que l'assistance de ces équipes de secours, sans compétence particulière en matière de constructions, est tout à fait nécessaire.

Sur cette catastrophe, la communication - très importante en France - a induit un retour médiatique considérable, si bien que le Ministre de la Culture, Jean-Jacques Alliagon, m'appelle en personne pour nous féliciter de représenter la France dans une situation aussi difficile. Il m'invite à le rencontrer dès mon retour pour envisager de financer notre action en faveur de Bam. Cette proposition du Ministre de la Culture - notre Ministre de tutelle, à nous architectes - nous agrée d'autant plus que, pour l'Algérie, nous avions en vain tenté d'obtenir des financements pour la reconstruction !

Hélas, notre bref visa venant à expiration, nous rentrons en France aussi rapidement que nous sommes arrivés en Iran, prenant tout de même le temps de passer quelques heures avec des confrères iraniens. Nous avons en outre le privilège de visiter l'École d'Architecture de Téhéran ; le Directeur – formé à l'architecture en France – détient avec nous une culture commune, ce qui facilite le dialogue que nous engageons avec lui. La qualité du travail effectué par les étudiants iraniens - encadrés par des enseignants de grande envergure - supporte à l'évidence la comparaison, et même au-delà, avec la formation que l'on m'a dispensée... Le thème de notre intervention, particulièrement pertinent pour des Iraniens confrontés périodiquement à des séismes sur la totalité du pays, traite de la compréhension des processus opérationnels et de leur application dans ce grand pays fortement touché par les catastrophes naturelles. Nous évoquons la possibilité de partenariats avec cette École d'Architecture et éventuellement ultérieurement avec l'organisation professionnelle des architectes Iraniens. Hélas, aucune école française n'a voulu donner suite à mes nombreuses démarches, ni pour l'Iran ni pour l'Afghanistan...

À mon retour d'Iran, je rencontre très vite le Ministre de la Culture qui organise une réunion spéciale au Ministère sur le thème de l'aide à la reconstruction de la ville de Bam. Nous sommes donc une petite dizaine de personnes étudiant la possibilité de financer une opération d'aide à la reconstruction de la ville de Bam, envisageant un budget de l'ordre de 150 000 €... Certes, le budget du Ministère de la Culture est restreint, mais une telle somme ne pouvait constituer qu'une aide à une opération de taille très modeste. Il fallait donc définir des priorités. Une proposition d'association avec une école architecture, celle de Grenoble et plus particulièrement le groupe Cratère, est envisagée. Sans aucun a priori, nous prenons donc contact avec le directeur de l'école qui, d'évidence, veut piloter seul le projet. Il nous a fallu nous déplacer à Grenoble - Jean-Paul Bertiaux, Dominique Druenne, professeurs à Paris Belleville et moi – où l'on nous signifie que 20 % du budget nous seraient généreusement octroyés ! Par contre, l'entretien s'avère cordial et enrichissant avec nos confrères enseignants du groupe Cratère.

Ajoutons que, parallèlement, notre Ministre ainsi que des représentants de l'École d'Architecture de Grenoble organisent une visite - évidemment en présence de journalistes... - dont nous sommes exclus, nous qui avons effectivement participé aux opérations d'urgence et cela, semble-t-il, à cause d'un problème de places en avion ! Un remaniement ministériel ultérieur a enterré ce programme duquel, de toute façon, certains nous ont volontairement évincés...

J'avais mal mesuré les conséquences d'une médiatisation importante, particulièrement dans un pays difficile comme l'Iran, et des conséquences personnelles auxquelles je m'exposais et je m'interroge sur la manière dont j'ai pu être perçu à ce moment-là. Une série d'événements, évidemment fortuits..., sûrement imaginaires..., s'enchaîne immédiatement après mon retour d'Iran... Cela commence, quelques jours plus tard, par un contrôle sur un de mes chantiers. Ensuite, une sorte d'« enquête » officieuse menée auprès d'un nombre significatif de personnes de mon entourage, tantôt par une compagnie d'assurances, tantôt par un pseudo journaliste... se donne comme objectif de cerner ma personnalité et mes occupations... alors qu'il paraît tellement simple de me poser des questions directement ! Évidemment, cela provoque un sentiment très désagréable, l'impression que pèse sur mes épaules un regard furtif dont je ne détermine pas l'origine ! Durant quelques semaines, alors que je rentre fréquemment très tard le soir, j'observe à plusieurs reprises qu'une personne m'attend dans un véhicule. Comme à l'accoutumée, je conserve mon sang-froid : je me plante ostensiblement devant le véhicule pour montrer à l'"observateur" qu'il est repéré. Celui-ci - la cinquantaine environ - prend un air gêné et ne bouge pas... Je lui fais un signe de la main très franc, sans ambiguïté pour lui indiquer que j'ai compris : assez désagréable, ce genre d'admirateur....

À compter de cette date - je n'ai compris cela que plusieurs mois après - je n'ai plus obtenu de marchés publics pour l'agence ! Heureusement, j'avais préalablement obtenu quelques marchés privés.

Cinquième partie :
2004, sur tous les fronts

24 février 2004 : tremblement de terre dans le Rif marocain

J'apprécie peu la fin de l'hiver, cette période souvent désagréable dans le nord de la France. J'ai pour habitude de me lever de bon matin, de prendre tranquillement un café dans un bar fréquenté par les ouvriers partant travailler tôt. J'apprécie ces moments de contact avec la vie au quotidien de tant de personnes qui font vivre leur famille, le côté humain qu'ont parfois les gens, à peine éveillés à cette heure, les yeux encore endormis. La réflexion se mène de manière plus aisée et les décisions paraissent plus simples à prendre.

C'est un de ces matins d'hiver que je suis informé du tremblement de terre survenu quelques heures auparavant au Nord du Maroc, dans le Rif, un endroit particulièrement difficile d'accès. Facilités par notre habitude des interventions, des contacts sont pris immédiatement avec nos confrères sur place et ils manifestent de suite leur enthousiasme pour une opération commune.

Je décide de prendre, sans délai, le premier avion pour rejoindre les secteurs touchés. Comme toujours, la difficulté consiste à trouver des gens ayant une réelle compétence dans le domaine technique et éventuellement connaissant les populations locales et prêts à partir sur-le-champ. Très souvent, les personnes originaires des pays touchés - évidemment beaucoup plus sensibilisées - nous contactent immédiatement ; cette fois, Corinne Moyal se propose pour partir avec moi immédiatement, ce que j'accepte sans hésiter.

À Tanger, deux confrères de l'Ordre des Architectes marocains nous attendent ; nous faisons donc la connaissance de Ahmed et Mohamed, deux architectes vivant à Tanger avec leur famille et y exerçant. Mohamed, né à Al Hoceima se trouve particulièrement concerné par ce qui se passe dans sa région natale. Ahmed, quant à lui, est originaire de Tanger. Il nous conduit avec sa propre voiture - qu'il utilise rarement, d'où sa conduite très lente mais très sûre - jusque sur les secteurs touchés par la catastrophe. Au fil des kilomètres, nous lions connaissance, nous arrêtant çà et là pour nous restaurer un peu, échangeant des propos fort intéressants sur l'Humanité et plus particulièrement sur la Religion... Nos deux amis marocains se découvrent au cours de nos discussions, parlant de l'Islam, religion qu'ils pratiquent tous les deux. Corinne, quant à elle, ne cache pas ses origines juives, et tout naturellement se présente en tant que telle, avec douceur, intelligence et délicatesse. Nous parlons des heures durant de ce qui lie les hommes ainsi que des différentes religions, notamment du catholicisme dont je ne suis toutefois pas le spécimen le plus représentatif... Ces instants vécus par nous tous restent un grand moment d'humanisme et d'ouverture vers ceux qui ont tout perdu : ils permettent de continuer à croire en l'Homme et en ses aptitudes à réaliser de belles choses !

Au cours de ce long périple, nous franchissons des cols sous la neige - avec une voiture de ville évidemment peu adaptée pour cela - et nous discutons longuement, ce qui permet de lier connaissance. Cette route du nord du Maroc a la réputation d'être la route du "kif". De nombreux trafiquants travaillent dans ce secteur réputé dangereux qui n'est pas recommandé aux étrangers. Nous arrivons de nuit dans la ville d'Al Hoceima, quasiment déserte, où seuls sont visibles quelques militaires, dans des camions de l'Armée et quelques engins de déblaiement de chantier. Contrairement à ce que j'ai déjà vécu ailleurs, aucun « folklore humanitaire » sur la zone, pas une voiture 4x4 d'une O.N.G. n'est présente. Nous ne trouvons - outre nous quatre - que les quelques autres représentants de l'Ordre des Architectes marocains que j'avais invités pour évaluer sommairement ensemble la situation.

Les constructions touchées en ville sont surtout des bâtiments mal construits ayant subi les conséquences directes du séisme d'une magnitude de 6,2. Ce séisme puissant, théoriquement, ne devait pas détruire des constructions en béton si celles-ci avaient été construites en respectant les règles de l'art et notamment les règles adaptées à ce type de constructions parasismiques. Certains bâtiments étaient endommagés, quelques-uns étaient tombés, a priori pour des raisons évidentes de mise en œuvre : manque d'acier et surtout mauvaise qualité du béton.

Contrairement à ce que nous avions imaginé, le secteur rural est particulièrement touché du fait de la faiblesse des constructions essentiellement constituées de moellons de pierre et de terre. C'est dans la montagne, à quelques kilomètres de la ville, sur des chemins difficiles d'accès, que les douars des petites vallées de cette partie du nord du Maroc ont énormément souffert du séisme. Avec Mohamed et Ahmed, nous arpentons des kilomètres et des kilomètres de chemins afin de rencontrer ces gens qui ont tout perdu, ces gens qui vivaient en parfaite autonomie avec la nature, utilisant des ânes pour aller chercher l'eau et élevant des animaux pour se nourrir. Cette population très rurale et vivant chichement a été complètement livrée à elle-même, enterrant ses morts et se réfugiant sous des abris de fortune confectionnés à la hâte avec les ruines des maisons. Pour ces gens-là, notre rôle consiste tout simplement à apporter le nécessaire pour survivre : des tentes, des bâches, ou de quoi se mettre à l'abri momentanément pour rester en vie. Trois jours après la catastrophe, presque aucune présence humanitaire n'apparaît sur place, simplement une voiture des Nations Unies en fin de journée : il y a vraiment des endroits où il ne fait pas bon être pauvre !

Au Maroc, le régime monarchique ne laisse pas une place totale à l'expression démocratique interne et encore moins aux O.N.G. voulant intervenir sur son territoire. J'apprends par la suite l'une des raisons fondamentales expliquant le blocage d'une grande partie de l'aide humanitaire dans les aéroports : il s'agit de raisons historiques liées aux différentes rébellions dans ce secteur par le passé. Les populations rurales rencontrées ont une grande fierté et une capacité d'adaptation à leur milieu absolument incroyable ; lorsque j'entends aujourd'hui parler de développement durable et que je me remémore la manière dont vivent ces gens, je suis convaincu que l'on a peu de choses à inventer sur le développement durable : il suffit de l'améliorer pour que le quotidien soit un peu moins rude. Ces gens, vivant en totale autonomie dans un secteur reculé, illustrent le parfait exemple de ce que peut faire l'Homme pour vivre dans son environnement proche avec les animaux, la terre, la famille : sans conteste, une grande leçon !

La concertation avec nos confrères, après la première évaluation, démontre la nécessité de disposer au moins d'une centaine de personnes sur les différents secteurs pour évaluer la totalité des dégâts en termes de reconstruction et chiffrer secteur par secteur les besoins. L'accès à l'imagerie satellite, trop tardivement malheureusement, et surtout de définition insuffisante - il faudrait une définition d'un mètre au minimum - nous permet de mettre en place une structure, d'une part sur les secteurs urbains touchés et d'autre part sur les secteurs ruraux. Concernant les secteurs urbains l'accès aisé aux plans des villes sinistrées permet de répertorier les destructions avec le code couleur rouge, orange ou vert. Il n'en va pas de même dans le secteur rural : nous ne disposons d'aucun plan des douars touchés par le séisme et nous entreprenons, sur la base de l'imagerie satellite, du SIG[1] et des points GPS pris sur le site, de procéder à une évaluation globale de tous les secteurs ruraux touchés. À ma grande surprise, les secteurs le plus touchés sont ruraux et la première aide humanitaire arrive en ville ! Mieux encore : en ville, des manifestations s'organisent pour que l'aide humanitaire bloquée à l'aéroport soit immédiatement déployée sur place, alors que ce secteur - très peu touché - n'en a pas besoin ! Quoi de plus décevant que le constat d'une déviance que même les autorités marocaines ne parviennent pas à contrôler...

Le travail effectué par les équipes de terrain paraît remarquable sur au moins deux points :
- la rapidité de la mobilisation et la capacité à se rendre à la fois en secteur urbain et en secteur rural ;
- la mise en place - avec l'aide de Corinne Belle, Guy Maronèse, Yves Justin, et Richard Leroy - des opérations en coordination avec les 150 architectes marocains venant de tout le pays et aussi, à ma grande joie, de nos amis algériens avec qui nous avions travaillé l'année précédente sur Alger : Kader, Ahmed et Karim...

Je regrette vivement l'absence - au niveau de l'organisation professionnelle - de nos amis espagnols d'autant que grande est leur proximité géographique de l'enclave de Melia.

Les montagnards sont délaissés, faute de moyens. Il fallait des tentes et des bâches dans un premier temps pour mettre ces gens à

---

[1] Système d'information géographique.

l'abri, et ensuite les aider à reconstruire leur habitat fragile avec les techniques que nous connaissons en les adaptant évidemment à leur savoir-faire. Nous avons essayé en vain de lever des financements pour aider ces gens, avec un sentiment fort désagréable qu'une fois passées les évaluations, nous étions complètement impuissants pour les aider à survivre...

Pour qu'une opération humanitaire lève des fonds, elle a besoin d'une communication importante, c'est-à-dire évidemment des médias et éventuellement d'une aide internationale. Dans le cas précis du Maroc, aujourd'hui encore je ne pense pas que l'appel à l'aide internationale ait été nécessaire. Cependant, les demandes de fonds auraient peut-être été médiatisées si les autorités avaient invité plus de journalistes à venir sur les sites touchés et aussi... si l'actualité avait été différente ! En effet, l'actualité internationale - alors mobilisée par le feuilleton Aristide à Haïti - monopolisait les médias internationaux sur ce pauvre pays en perdition au détriment des populations qui avaient été victimes du tremblement de terre quelques jours auparavant : c'est la dure loi de la médiatisation du Monde moderne passant de catastrophe en catastrophe et laissant livrées à elles-mêmes des populations sinistrées, par manque d'intérêt politique ou économique... Très souvent, les journalistes remplissent leurs obligations correctement en pareil cas ; c'est aussi à nous, témoins et révélateurs des situations dramatiques, à exprimer les demandes : cela relève de notre responsabilité professionnelle, au même titre qu'en matière de constructions.

Australie : nos amis des antipodes

Pendant la Première Guerre Mondiale, la Vallée de la Somme - théâtre de l'une des plus grandes « boucheries » de l'histoire de l'humanité - voit s'entre-tuer des dizaines de milliers de jeunes hommes, parfois âgés d'une vingtaine d'années sur les diverses lignes de front des tristement célèbres « batailles de la Somme ». Né à Corbie, petite ville de 7000 habitants, en pleine Vallée de la Somme, je savais que Villers-Bretonneux, distant de 5 km, lieu connu dans le Monde entier comme le théâtre de l'une des plus grandes batailles de la Première Guerre Mondiale, vit disparaître des milliers d'Australiens tués au cours du terrible Printemps 1918. J'ai par contre appris assez tardivement - comme beaucoup de gens de ma génération - que les cimetières militaires que nous, enfants, appelions « cimetières anglais » étaient plus souvent des cimetières de Canadiens, sud-africains, néo-zélandais, australiens et chinois... De ce fait, dès l'enfance, j'ai considéré les Australiens comme des amis venus de très loin pour nous aider à combattre l'ennemi d'alors : l'Allemand... J'ajoute - à ma grande confusion - que l'un des rares endroits où l'on pouvait trouver... un gazon de qualité pour jouer au football avec les copains, c'était le « cimetière anglais » ! En conséquence, je ne pouvais qu'avoir de bonnes relations avec l'Australie...

Dès Mai 2003, j'ai eu l'occasion de présenter au Conseil du "Royal Institute des Architectes Australiens" l'organisation que je représentais ; l'accueil avait été assez favorable, le repas et le dernier verre avaient été dignes d'une troisième mi-temps de rugby Australie-France ! À cette occasion, j'ai rencontré Bob Nation, Carey Lyon, David Parken... qui se sont déclarés prêts à supporter les actions d'Architectes de l'Urgence.

J'ai déjà effectué différents séjours en Australie et, dès la création d'« Architectes de l'Urgence », nous avons pris contact avec différentes organisations proches de la nôtre ; cela nous a permis de rencontrer Esther Charlesworth, représentante d'« Architectes sans Frontières » en Australie qui nous a rendu visite à Amiens avec son mari John, tous deux très sympathiques. Lors de ma participation à une compétition très exigeante - la Southern Traverse, en Nouvelle-Zélande - je leur ai rendu visite à Melbourne, au retour.

Précisons que La Southern Traverse (tout simplement la traversée de l'île du Sud de la Nouvelle-Zélande...) - en VTT, trekking, canoë et "costering", en équipes de quatre personnes, en autonomie, sur un parcours d'environ 650 km - constitue une « promenade de santé » pour des gens en grande forme... Le « menu » est copieux : pluie, neige, vent glacial, soleil, progression impérative de jour comme de nuit pour rester dans la course, peu de sommeil, des paysages fantastiques et un froid abrutissant durant les nuits glacées... C'est la course la plus difficile à laquelle j'aie pu participer dans ce genre de compétition et j'ai rarement eu aussi froid !

Les Australiens sont des gens directs et très accueillants, habitués à vivre dans un pays relativement hostile et essentiellement peuplé dans les grandes villes de leur immense côte. Esther et moi rencontrons des représentants de la ville de Melbourne et le Président du « Royal Institute » australien. Notre avantage certain par rapport à eux provient du soutien que nous apporte, depuis le début, la puissance de l'organisation professionnelle de l'Ordre des Architectes français. Esther propose de rencontrer des amis architectes australiens à Sydney : Andrea et Lawrence Nield. La taille de leur agence me surprend : un plateau paysager de plusieurs centaines de mètres carrés au milieu duquel se trouve une cafétéria : c'est une agence d'architecture d'une échelle peu commune en France. Le contact avec Lawrence est facilité par le fait que son grand-père a été tué pendant la bataille de la Somme et il souhaite, en sa mémoire, s'y rendre afin de retrouver sa tombe et se recueillir. Nous essayons de retrouver ce lieu de mémoire, sur des sites Internet australiens, très bien organisés, et nous situons sa sépulture à... Villers-Bretonneux ! Lawrence est un architecte très important en Australie ; il a notamment réalisé plusieurs terminaux d'aéroports comme ceux de Sydney et de Brisbane ; il a également beaucoup travaillé sur les hôpitaux dans tout le pays et, plus récemment, a été l'architecte du Stade Olympique pour les Jeux de 2000 à Sydney. Il a travaillé pour les Jeux Olympiques d'Athènes et de Pékin ; aussi, son travail international est-il reconnu. Son agence, maintenant spécialisée dans les équipements sportifs, produit une qualité architecturale de haut niveau.

Quelques mois plus tard, lors de leur passage en France, Andréa et Lawrence me rendent visite à Amiens dans le but - je m'étais engagé à les y aider - de découvrir les sites de la bataille de la Somme et d'essayer de retrouver la tombe du grand-père. Malheureusement, après avoir longuement cherché, la dure réalité s'impose à nous : sa sépulture n'existe pas ! Un dernier espoir demeure : que son nom soit gravé sur le Mémorial de Villers-Bretonneux. Par un matin de Janvier, pluvieux et gris, nous nous rendons donc au Mémorial, engoncés dans nos imperméables. L'angoisse m'étreint car j'ai déjà procédé, seul, à cette recherche demeurée vaine... Je conserve donc un souvenir particulièrement ému de l'instant où, devant un mur de plus d'une centaine de mètres de long empli des noms des soldats morts, Lawrence se dirige - comme aimanté - directement vers un endroit précis et déclare : « J'ai trouvé : son nom est inscrit ici... » !

Lors du rendez-vous que j'organise avec le Maire, il apparaît que ce dernier est peu motivé par un projet de Lawrence et Andrea consistant à restructurer un bâtiment laissé à l'abandon - appelé communément « le château » - site d'un indéniable intérêt historique pour les Australiens qui, durant les combats, y sont restés plusieurs mois. De retour en Australie, Lawrence prend l'initiative de dessiner un projet de restructuration du bâtiment - en très mauvais état - pour le transformer en centre d'accueil des quelques milliers d'Australiens de passage chaque année dans la Vallée de la Somme. Il n'existe en effet aucune structure digne de ce nom susceptible d'accueillir les familles des soldats morts et nous diffusons très largement ce document établi par nos amis australiens, notamment auprès des élus de la Commune de Villers-Bretonneux et plus particulièrement de M. le Maire. Près de six mois plus tard, dans les premiers jours du mois d'Août, à la demande de la Ville de Villers, un bulldozer arase le bâtiment... pour laisser la place, semble-t-il, à un parking de supermarché... No comment !

Avec le temps, le développement de notre organisation au niveau international devait, dans mon esprit, se réaliser en parallèle avec celui de l'Union Internationale des Architectes. L'objectif

d'un réseau d'intervention international s'appuie sur deux réflexions essentielles :
- la prise en compte des fuseaux horaires induisant notre capacité d'intervention suivant trois fuseaux de huit heures, l'objectif consistant à accélérer notre présence, de toute urgence, dès la survenance de la catastrophe ;
- la capacité à lever des financements pour être opérationnels et réaliser un réel travail de terrain comme nous procédons au quotidien dans notre profession.

Sur ces deux points, j'ai rencontré un très large consensus car cela relève du simple bon sens. Par contre, des difficultés considérables sont apparues concernant la mise en place d'une réelle organisation internationale : difficultés juridiques, comptables, de communication, sans oublier les conflits de compétence...

Nous travaillons encore aujourd'hui à la mise en œuvre de cette structure internationale pour laquelle nous restons sur les trois fuseaux horaires suivants :
- Fuseau Europe, France, Espagne et autres périls européens proches...
- Fuseau Asie, Océanie, Australie, Japon...
- Fuseau Amérique, incluant dans un premier temps le Mexique où nous tentons actuellement de créer une antenne, Canada et USA.

Nous ne cachons pas notre choix délibéré de travailler en priorité sur des bases d'intervention dans des pays riches, pour des raisons évidentes de facilité de financement des interventions et d'efficacité, et ceci en tous lieux.

Depuis Mars 2006, « Architectes de l'Urgence Australie » existe officiellement. Cette organisation, composée en majorité d'architectes, montre son désir de nous imiter, de nous épauler et de mettre à profit notre savoir-faire.

Charles de Gaulle 2 E : être là où il ne faut pas !

Par souci d'efficacité, j'ai besoin d'un contact préalable avec la réalité du terrain avant de prendre une décision ; c'est pourquoi on me reproche parfois d'agir d'abord et de réfléchir ensuite ! Je m'inscris en faux contre cette assertion : j'ai coutume de me rendre très fréquemment sur les lieux des missions afin de « sentir » les situations et les évolutions de tous ordres : technique, humaine, politique ou de sécurité. Il en résulte que je me déplace énormément, beaucoup trop à mon gré ; je parviens désormais - notamment par l'Internet - à dialoguer avec les équipes en mission ; néanmoins, cela ne peut supprimer tous les déplacements...

Un dimanche matin du mois de Mai 2004, je rentre d'Afghanistan via Doubaï - ayant dormi 3 heures dans l'avion - et vers sept heures du matin, à l'arrivée de mon vol, je n'ai qu'une envie : boire un bon café ! Après le passage de la douane, je m'aperçois que je n'ai plus un sou en poche... sauf mes cartes bleues ! Je cherche donc un distributeur d'argent dans le hall du terminal 2E à Charles-de-Gaulle.

Soudain, j'entends un vacarme assourdissant, comme lors du passage d'un train... Les gens crient... Je cours immédiatement en direction des postes de police que je venais de passer ! Un trou béant apparaît au milieu de la couverture... Tout le monde court pour s'enfuir de cet endroit. Les policiers restent de marbre et remplissent leurs obligations, interdisant scrupuleusement l'accès à la zone touchée. Je leur explique mes fonctions, les notions élémentaires de secourisme que je possède, et mes compétences particulières dans le domaine des catastrophes... Mais rien n'y fait. Après leur avoir montré ma carte professionnelle, le ton change immédiatement et un officier m'explique qu'en pareil cas, il applique la consigne : évacuer tout le monde, sans exception ! Il faut dire qu'à ce moment, nul ne savait s'il s'agissait d'un accident ou d'un attentat.

Je déplore évidemment que nous, architectes, malgré notre spécialisation en matière de catastrophes, nous ayons encore énormément à communiquer pour faire reconnaître notre savoir-faire. Il faut regretter que, architecte présent en direct sur le lieu d'une catastrophe, sûrement l'un des seuls dans l'aérogare, je sois condamné à rester « planté » là, avec interdiction formelle de porter assistance aux personnes qui peuvent être sous les décombres ! L'attente des secours dure une bonne quinzaine de minutes : combien de victimes durant ce laps de temps ? Aurais-je pu aider quelques personnes à survivre ? J'ai l'impression désagréable que peut-être, on a laissé mourir des gens en appliquant le principe de précaution et j'étais là sans pouvoir agir.

Juillet 2004 : Bangladesh

Cet été 2004, particulièrement pluvieux en Asie, provoque l'inondation du Bangladesh, pour une grande part en raison des pluies de mousson frappant le Massif de l'Himalaya, touchant 30 millions de personnes à des degrés divers. On déplore des milliers de morts. En outre, c'est un véritable défi qu'il convient de relever pour aider ces populations particulièrement vulnérables à survivre dans des conditions décentes.

Depuis plusieurs mois, j'ai entamé une démarche auprès des agences compétentes des Nations Unies avec lesquelles nous pouvons collaborer, essentiellement U.N. Habitat et U.N.D.P[1], seules susceptibles d'intervenir sur les problèmes de reconstruction et d'aide au relogement. J'ai rencontré à Genève Hussein Kalali, architecte responsable chez UNDP des programmes d'aides au relogement. Le contact de bonne qualité conduit - sans surprise - à leur demande de collaboration avec notre association afin de mettre en place un programme de réduction des risques au profit des populations les plus vulnérables touchées par ces énormes inondations.

Nous accédons bien entendu immédiatement à cette demande, la mission consistant à travailler sur l'appel international de fonds à l'échelle d'une catastrophe de grande ampleur : 30 millions de personnes vivent dans des conditions de vulnérabilité extrême ! En cette fin Juillet - où tout le monde part en vacances... - Christian Combes, ancien Président de l'Ordre des Architectes de Languedoc-Roussillon, est seul à répondre présent pour réaliser avec moi un travail considérable en termes de responsabilité. Appréciant particulièrement ses grandes qualités, je suis très satisfait qu'il parte avec moi. Après diverses péripéties - annulation d'avions - nous arrivons au Bangladesh via les Émirats un matin de fin Juillet 2004. Notre mission consiste à trouver des solutions pour aider des millions de personnes, à un prix le plus bas possible, c'est-à-dire à « faire de l'humanitaire » à très faible coût ! Sur les

---

[1] U N Habitat : Agence des Nations Unies pour l'Habitat
[2] UNDP : programme des Nations Unies pour le Développement

30 millions de sinistrés, il ne semble pas réaliste, dans le meilleur des cas, d'envisager d'en aider plus de 10 %, ce qui représente tout de même 3 millions de personnes !

Dès le premier contact avec ce pays, on est surpris par la densité de la population : impossible de faire un pas dans la rue sans être entouré très vite par quelques personnes puis par quelques dizaines... On est assailli par une pauvreté endémique incroyable ; et pourtant la vie suit son cours, jour après jour. L'extraordinaire grouillement humain de ce pays le rend difficile à vivre, surtout pour nous, Européens qui vivons dans des espaces moins surpeuplés. On comprend ainsi pourquoi quelques milliers d'étrangers seulement se rendent au Bangladesh chaque année : rien d'étonnant vues les conditions dantesques dans lesquelles vivent ces pauvres gens. On ne voit guère les atouts économiques de ce pays, susceptibles de générer des profits, permettant de sortir de cette impasse... La surpopulation semble constituer un handicap insurmontable.

Lorsque l'on arrive dans un pays que l'on ne connaît pas, il y a toujours un instant impressionnant, au moment de la sortie de l'aéroport. À Dacca, des centaines d'hommes, les yeux hagards, scrutant les passagers descendant de l'avion, agglutinés sur plusieurs rangs, attendent, comme en prison, derrière des grillages de plusieurs mètres de haut... Tous ces gens espèrent on ne sait quoi, contrôlés par des militaires en armes - ou d'autres avec matraques - n'hésitant pas à repousser énergiquement les individus voulant pénétrer dans le terminal d'aéroport. On est marqué par ces regards sans un sourire : ces hommes sûrement rêvent à des destinées lointaines, pour dépasser le quotidien difficile. On comprend alors la nécessité - ce moment impressionnant une fois passé - d'une période d'adaptation de plusieurs heures, voire de quelques jours, avant de s'accoutumer à ce pays.

Après un passage rapide à l'hôtel pour prendre une douche, nous sommes conduits au bâtiment des Nations Unies afin d'assister à une réunion très importante. En effet, lors de cette concertation à laquelle assistent sept personnes - dont Christian et moi - est fixé le montant alloué à chaque famille pour l'aide à la reconstruction de l'habitat, en intégrant la réduction des risques. La notion de « réduction des risques » s'avère déterminante pour les milieux internationaux acceptant de financer cette aide dans la mesure où nous pourrons garantir que, dans un futur proche, si une catastrophe équivalente survient, les constructions démontreront une pérennité telle que ces populations civiles, déjà en grande précarité, ne seront pas de nouveau affectées.

Nous découvrons alors, un peu stupéfaits, que le montant alloué se situe à quelque 250 $ par famille ! À force d'insistance, nous réussissons à l'augmenter d'une centaine de dollars en intégrant des éléments de développement durable et de réduction des risques. La discussion est parfois un peu houleuse, notamment avec un expert local, éminent spécialiste des grandes questions de relogement d'urgence ; il considère la somme de 250 $ comme largement satisfaisante pour aider une famille à se reloger, avançant un fait indiscutable : le coût de la vie au Bangladesh est très bas. Christian et moi faisons alors valoir, avec une certaine virulence, que même en intégrant ce dernier paramètre, l'aide apparaît notoirement insuffisante. Nous sommes conscients de raisonner sur des crédits impressionnants, de l'ordre de 10 millions de dollars auxquels s'ajoutent les coûts de fonctionnement... et si nous ne traitons que 10 % des besoins ! Or, l'appel de fonds d'urgence envisage plus de 100 millions de dollars...

Un autre problème résulte de la capacité opérationnelle des O.N.G. susceptibles d'intervenir dans cette province du Bangladesh, particulièrement difficile d'accès. Christian et moi travaillons sérieusement sur des solutions garantissant à ce financement la plus grande utilité et surtout la plus grande pérennité. L'absence de distractions dans ce pays musulman renforce notre efficacité...

Comme à l'accoutumée, nous collaborons avec nos collègues du lieu de la catastrophe, en l'occurrence l'organisation professionnelle du Bangladesh, à savoir l'« Institute of Architects of Bangladesh » et, pour la gestion ultérieure de la reconstruction, l'« University of Ingeneers and Technology of DHaka (BUET) ».

Nous proposons un programme reposant essentiellement sur l'apport des solutions techniques envisageables, et ce à partir de la liste ci-dessous, non exhaustive :

L'habitat sur pilotis :

Réponse traditionnelle des zones humides, permettant de positionner le niveau de l'habitation au-dessus de la ligne des plus hautes eaux connues, cette technique, bien maîtrisée, présente de nombreux avantages, notamment du fait que la maison pourrait ne plus constituer un obstacle à l'écoulement des eaux. Bien que les avis divergent quant à la faisabilité du procédé et à sa généralisation au Bangladesh, c'est une solution adaptée à certaines situations et relativement facile techniquement à réaliser en prenant un certain nombre de précautions. Il semble que le facteur culturel, et notamment le rapport avec le sol, soit une composante d'acceptation de l'habitat à ne pas négliger.

Surélévation d'une partie de la parcelle par terrassement :

Une plateforme d'environ 150 m2, réalisée en terre compactée, à l'aide de matériaux extraits directement du site constitue une solution mieux acceptée par les habitants habitués à vivre près du sol. La présence de l'eau, même en saison sèche, et la rareté des terrains non utilisés pour l'urbanisation rendent cette solution de bon sens bien adaptée aux contraintes environnementales. Cependant, ce n'est pas réalisable sur tous les types de sols et pour tous les types d'inondations : la terre à utiliser, le niveau d'élévation nécessaire et le type d'inondation peuvent engendrer des coûts très importants et cela ne pourra donc pas s'adapter partout. Il convient par ailleurs de ne pas négliger les nuisances écologiques consécutives aux travaux de rehaussement et les conséquences sur l'environnement proche guère aisées à maîtriser.

Les habitations flottantes :

Inspirées des Sampans vietnamiens, elles reposent sur un radier de bambous, par exemple. Lors des crues, la maison amarrée s'élève sur l'eau. Cette technique peut être efficace dans les zones où la montée et la descente des eaux sont lentes. Les villages d'habitat flottant sont composés de maisons qui flottent en permanence ; mais il serait judicieux ici de trouver une solution d'habitat léger, flottant temporairement durant les jours ou les semaines de crue : au regard de la densité de la population, cette proposition semble intéressante.

La création d'un « étage-refuge » dans la maison :

Cette réponse permet de mettre en sécurité les biens et les personnes durant la crise, de nombreux villages subissant des inondations avec des hauteurs d'eau de quelques centimètres à 200 cm rendant le rez-de-chaussée inutilisable. Ce niveau supplémentaire permet d'éviter le déplacement des populations et constitue une solution relativement confortable dans l'attente de la décrue. Cela, bien que partiellement, permet de stocker les objets du quotidien, les effets personnels et la nourriture, de gérer les problèmes d'eau potable et d'assurer la scolarisation des enfants dès que les moyens de communication sont rétablis.

La toiture-refuge :

Par réflexe, lorsque les inondations surviennent, les sinistrés montent sur la toiture de leur habitation. Un axe de réflexion intéressant consiste à adapter les toitures de ces habitations, que l'on sait inondables, à un certain mode de vie temporaire, à aménager cet espace restreint pour une vie acceptable pendant la durée des inondations.

La cellule de sécurité :

Ce serait une « boîte », un « outil à vocation multiple » permettant de préserver l'essentiel du quotidien de ces populations et contenant les objets essentiels à la survie : l'eau, la nourriture, les effets personnels, le matériel de cuisine... Les matériaux utilisés à cette fin seront impérativement produits sur place, avec une mise en œuvre particulière du type composite ou autre.

Gestion de l'eau potable :

Le paradoxe apparent des inondations réside dans le constat que l'eau, pourtant omniprésente, manque cruellement pour la consommation des populations sinistrées. La distribution de purificateurs d'eau s'avère difficile si elle n'a pas été effectuée préalablement. Il convient donc d'engager la réflexion sur la mise au point d'une technique simple de récupération de l'eau de pluie directement sur les habitations et utilisable aussi bien lors des périodes d'inondation que tout au long de l'année. En outre, une telle technique règle une partie du problème de santé publique qui se pose à chaque inondation.

Durcissement du niveau rez-de-chaussée inondable :

Ce principe efficace permet à l'habitation surélevée de se situer avec le sol, au-dessus du niveau haut des inondations. Cependant, si l'étude de cette proposition mérite d'être envisagée, elle ne peut être retenue pour les populations les plus vulnérables car trop onéreuse.

Ces réponses aussi « primaires » soient-elles, retiennent cependant l'attention de nos interlocuteurs, la prise en compte de la pérennité renforçant leur pertinence ; en effet, très généralement les opérations de reconstruction utilisent les moyens du bord, sans réelle notion de durée ; dans ce cas, il s'agit plus d'habitat transitoire que d'habitat d'urgence car ce dernier, dans mon esprit, doit être durable malgré sa réalisation très rapide. Le contexte culturel prend une importance fondamentale dans la réponse à apporter ; les pilotis, la maison flottante, la récupération de l'eau de pluie - cette dernière si vitale pour la santé - constituent des réponses essentielles et cependant culturellement délicates à mettre en œuvre.

On le voit, à ce moment où nos structures ne nous permettent absolument pas de traiter des opérations très importantes - portant sur plusieurs dizaines de milliers d'habitants - notre ambition auprès des bailleurs de fonds susceptibles de financer cette opération consiste également en l'apport de solutions techniques, une sorte d'approche pédagogique, et non uniquement en une capacité opérationnelle.

Pour la première fois, sur ce programme, notre organisation devient officiellement partenaire des agences des Nations Unies participant à l'appel à l'aide pour la reconstruction du Bangladesh, pays dont le contexte s'avère particulièrement difficile.

Septembre 2004 : cyclone à Grenade, tempête tropicale en Haïti

La saison des cyclones débute en Septembre dans l'hémisphère Nord. Des tempêtes tropicales ou des cyclones - qui peuvent se révéler particulièrement violents - affectent les Antilles et toute la Mer des Caraïbes.

Juste après la création d'Architectes de l'Urgence, nous sommes immédiatement contactés par nos confrères de l'île de la Réunion, notamment Étienne Charritat, ainsi que par ceux de la Guadeloupe et de la Martinique. Pour la Martinique, Serge Gunot s'est beaucoup investi auprès de notre organisation ; ses responsabilités de Président du Conseil de l'Ordre des Architectes de la Martinique ainsi que sa forte sensibilité à ces problèmes ont fait de lui un moteur important de la diffusion de l'information sur nos interventions.

Rappelons que, potentiellement, les Antilles peuvent subir un certain nombre de cataclysmes : cyclones, tremblements de terre, éruptions volcaniques, inondations torrentielles... Seules, les avalanches de neige paraissent exclues ! Une différence fondamentale entre les cyclones et les tremblements de terre réside dans le fait que l'on sait aujourd'hui prévenir et donc mettre en alerte pour les cyclones, mais pas encore pour les tremblements de terre. Un cyclone important avait été annoncé sur l'arc antillais, plus précisément se dirigeant droit sur la Martinique, 48 heures avant son passage. Heureusement, le cheminement des cyclones - rarement linéaire - a dévié vers le Sud mais le cyclone Ivan a frappé de plein fouet l'Ile de Grenade. Préalablement au passage du cyclone, nous étions en contact avec nos confrères antillais, tous très inquiets car nous connaissions la puissance annoncée d'Ivan.

Dans les heures qui suivent le passage du cyclone sur l'Ile de Grenade, Hussein Kalalli, d'UNDP m'appelle pour s'informer sur les destructions. Toutes les communications avec l'île sont interrompues, l'aéroport - principal moyen de communication - partiellement détruit, plus de téléphone, plus d'électricité... Hussein me demande de nous rendre sur place pour réaliser un bilan et quantifier les besoins immédiats sur toutes les problématiques de reconstruction. Je dois partir le lendemain pour Kaboul... et je me dirige donc de l'autre côté, en direction de la Martinique ! Serge m'accueille à l'aéroport. Pour cette première mission d'évaluation sur le site, le problème essentiel résulte certes de l'insularité, mais également de la difficulté d'accéder aux zones touchées. Nous ne trouvons aucun autre moyen de déplacement que celui de louer un avion de tourisme léger pour nous rendre sur l'Ile de Grenade, à une heure et demie de vol de la Martinique.

Depuis plus de deux ans maintenant, nous constatons une forte mobilisation de nos confrères antillais et notre organisation compte un nombre important de membres issus des îles. Les contraintes techniques, d'ordre logistique, mais aussi d'ordre financier, m'obligent à restreindre au maximum cette équipe d'évaluation, d'autant que les conditions auxquelles nous aurons à faire face peuvent s'avérer difficiles. Ce choix délicat - mais que j'assume pleinement - mécontente un certain nombre de confrères qui souhaitent m'accompagner ; je les prie de bien vouloir m'en excuser. Toutefois, la vie d'une ONG - bien que ses interventions soient gratuites - est subordonnée à ses propres limites logistiques et financières.

Le survol à basse altitude de la côte Ouest de Grenade nous permet de constater l'ampleur des dégâts, d'autant plus importants que l'on approche du sud de l'île. Le chaos complet règne sur cette île auparavant paradisiaque : pas d'électricité, pas de téléphone, pas d'eau, tous les moyens de communication coupés et la nourriture commence à manquer ! Le carburant venant à manquer également, les quelques véhicules encore en état de rouler deviennent rapidement inutilisables. Le port de la capitale Georgetown offre une vision dantesque : des dizaines de bateaux coulés, les débris des constructions détruites jonchant partout le sol et des gens déambulant comme des fantômes.

Le lendemain de notre arrivée, nous entreprenons l'évaluation, conformément à la demande des autorités. Comme toujours, force est de constater que les gens les plus pauvres, ceux qui vivent dans un habitat très léger, sont particulièrement touchés. Les besoins semblent énormes en termes de relogement mais, fort heureusement, les pertes humaines paraissent relativement limitées.

Dans les îles, le moral des habitants semble généralement élevé ; de jeunes conducteurs - lunettes de soleil, vitres ouvertes, musique à fond... - au volant des rares voitures en circulation, nous donnent presque la sensation de vouloir nous remonter le moral en écoutant à longueur de journée « Keep cool man »... Les représentants officiels de l'Ile de Grenade, partis quelques heures avant l'arrivée du cyclone, laissent la population livrée à elle-même !

Très vite, le téléphone cellulaire est rétabli ; je reçois alors un coup de téléphone deux jours après notre arrivée, à trois heures du matin ! Les coups de téléphone en pleine nuit sont toujours très désagréables, et tout particulièrement celui de Jean-Paul m'appelant de Kaboul. Il m'informe d'une inondation importante survenue en Haïti, consécutive au passage de la tempête tropicale Jeanne : le bilan provisoire fait état de milliers de victimes et de la destruction à 80 % de la ville de Gonaïves. J'organise dès le lendemain matin mon déplacement avec Serge en Haïti : coupés du Monde depuis plusieurs jours, nous ignorions cela...

Une trentaine d'heures plus tard, après l'achèvement, de toute urgence, de notre évaluation sur l'île de Grenade, nous nous rendons en Haiti, à Port-au-Prince. La présence de Serge à mes côtés - dont j'apprécie beaucoup la compétence, le calme et le professionnalisme - s'avère d'autant plus précieuse que, natif des Antilles, il parle parfaitement le Créole et connaît presque toutes ces îles. Il m'aide à comprendre la mentalité et les particularités de ce pays. Serge m'a d'ailleurs prévenu du caractère « particulier » de Port-au-Prince, un endroit peu propice à la villégiature ! En effet, depuis le départ d'Aristide, quelques mois auparavant, la force des Nations Unies - composée en grande partie d'Argentins - assure « le maintien de l'ordre » sur l'île : les relations humaines entre les militaires et la population relèvent des rapports de force et non d'une communication normale.

En voiture, nous réussissons à nous déplacer dans les secteurs touchés, avec deux journalistes de R. F. O. Guadeloupe. Comme chaque fois, ce déplacement terrestre dans un pays inconnu nous permet une meilleure lecture du mode de vie des gens. La vie quotidienne en Haïti s'avère misérable. Les « cerveaux », les intellectuels, toute la « matière grise » de ce pays vit à l'étranger : à Miami, Montréal ou en France. Livré à lui-même, n'ayant d'autre ambition que la survie, ce peuple n'a jamais accepté aucune autorité et survit avec ses règles propres, difficilement acceptables pour nous occidentaux. C'est - jusqu'à maintenant encore - la seule fois où j'ai vraiment hésité à sortir de la voiture : j'étais le seul blanc, tout un symbole dans ce pays ! Malgré la tension extrême, très perceptible dans la ville, nous distribuons les quelques victuailles que nous avons emportées car les gens ont faim et soif. Serge passe un long moment à discuter en Créole avec cette population délaissée, dans un pays qui n'intéresse plus personne. Çà et là, on ramasse encore des cadavres jetés dans des fosses communes, avec les chiens et les vaches mortes...

L'important pour nous consiste à comprendre, analyser, évaluer et informer au mieux : pourquoi tant de morts, quelles conséquences, quelles solutions à proposer ? Je n'admets toujours pas que 1500, peut-être 2000 personnes, sont mortes tout simplement parce que l'on ne les a pas prévenues ! Certes, la tempête tropicale qui s'est abattue sur le Nord de l'Ile était importante ; mais à quelques centaines de kilomètres des États-Unis, là où existe l'un des plus grands centres de prévisions cycloniques, on savait et on n'a averti personne ! Si l'on avait prévenu que des précipitations exceptionnelles allaient survenir - et donc des inondations - la population se serait mise à l'abri ; on ne donc peut s'empêcher de penser que la vie d'un haïtien n'a guère de valeur... Et pourtant, des solutions simples existent car, au nord de la ville, une partie montagneuse peut accueillir des milliers de personnes ; mais encore faut-il les informer ! Un système d'alerte intelligent peut éviter cet énorme gâchis... Hélas, à ma connaissance, aucun progrès, jusqu'à présent n'a été réalisé dans ce domaine !

La déforestation très importante d'Haïti entraîne un ruissellement conséquent en cas de fortes pluies ce qui accentue énormément l'impact des inondations en les rendant très meurtrières. Déjà, plusieurs mois auparavant, dans le sud de l'Ile, sur les secteurs de Mapou et de Fond Verette, des milliers de personnes sont décédées exactement pour les mêmes raisons, dans l'indifférence quasi générale : un sentiment de colère et de frustration nous avait alors envahis, Serge et moi.

Avec Michel Matera, un Français responsable de l'UNDP à Port-au-Prince, nous travaillons sur un programme d'aide au relogement des populations les plus touchées. Nous fournissons une cartographie, à partir d'images satellites, faisant apparaître les secteurs inondés ainsi que les destructions. Les destructions les plus importantes concernent les parties basses de la ville, majoritairement dans un secteur de bidonvilles particulièrement touché. Les estimations faites généralement en première approche par des journalistes, concernant notamment le nombre de victimes et l'état des dommages, provoquent ma grande surprise, car elles ne correspondent absolument pas à ce que nous avons vu ! Les journalistes, en annonçant 80 % de destructions, commettent une confusion complète entre destructions et secteurs inondés. Cette différence de terminologie ne constitue pas un détail, car la ville avait bien été inondée, mais avec peu de dommages. Documents techniques à l'appui, nous chiffrons précisément l'ensemble des constructions touchées sur la ville des Gonaïves ainsi que les destructions.

Nous contribuons à l'appel de fonds lancé par les Nations Unies pour un programme de reconstruction ; sur la dizaine de millions de dollars demandée, un million est affecté à "Architectes de l'Urgence" pour le relogement des populations les plus vulnérables parmi celles qui sont sinistrées. Nous attendons en vain - durant des mois - l'accord des autorités haïtiennes pour l'emploi de cette somme affectée à des programmes ciblés : faute de décision des politiques, rien n'a été fait...

Sixième partie :

développement de la structure

26 Décembre 2004

Au cours de cette année 2004 - riche en événements dramatiques et alors que les finances de notre organisation sont au plus bas... - nous travaillons partout où notre éthique l'impose, conformément aux statuts de notre organisation, statuts que nous appliquons à la lettre, à ce moment comme aujourd'hui encore. Le problème du financement de nos interventions et du bon fonctionnement de notre structure se pose avec acuité : à la demande de différentes organisations internationales, nous avons dépensé des sommes importantes sur des programmes divers et malheureusement l'argent promis tarde vraiment à rentrer. De plus, à ce moment, nous sommes en instance de lancement d'une fondation reconnue d'utilité publique et pour cela des sommes importantes sont bloquées.

Ce matin du 26 Décembre 2004, je m'éveille tôt et, comme toujours, j'allume la radio pour écouter les informations ; j'apprends alors les circonstances hallucinantes du séisme sous-marin près de Sumatra. Nous nous retrouvons quelques-uns au bureau dans les minutes suivantes et, vers 10h30 ce dimanche 26 Décembre 2004, nous commençons les opérations d'évaluation à distance. Je comprends en fin de matinée qu'il s'agit, à l'évidence, d'un cataclysme vraiment exceptionnel, à l'échelle de plusieurs pays, un « gros morceau » en perspective ! Le soir, au journal télévisé de Claire Chazal, un scénario de fin du Monde défile sous nos yeux, impliquant beaucoup d'Européens en vacances : nous sommes tous concernés.

L'état de nos finances à ce moment nous oblige à constituer les équipes d'évaluation « a minima » pour réduire les coûts et l'on cible deux pays plus particulièrement : le Sri Lanka et l'Indonésie. Pour le Sri Lanka, beaucoup de volontaires se proposent immédiatement contrairement à l'Indonésie : le plus grand pays musulman au Monde fait alors très peur. Nous n'avons pas les moyens ni les capacités humaines, dans un premier temps, pour envoyer des équipes d'évaluation sur la Thaïlande, la cote sud-est de l'Inde et les Maldives ; malgré les informations très alarmantes sur ces pays, nous ne pouvons répondre.

Sur les premières images satellites reçues, les analyses des destructions paraissent franchement incroyables : des morceaux entiers de côte avalés par la mer et des villages portés disparus ! Rien que sur l'Ile de Sumatra, le périmètre de côte touché par le raz-de-marée dépasse 500 km, les îles au nord et au nord-ouest de Sumatra n'étant pas décomptées dans ce périmètre de côte. Dans ce contexte, les propositions que j'ai formulées plusieurs mois auparavant à l'UIA prennent tout leur sens, car une organisation mondiale peut répondre immédiatement à une catastrophe d'une telle ampleur. Hélas, à mon grand regret, notre structure ne le permet pas et la seule organisation internationale d'architectes brille ici par son absence...

Indonésie : reconstructions d'urgence

Au fil des années, une longue pratique des voyages en solitaire dans nombre de pays d'Asie du Sud-Est réputés difficiles - Vietnam, Hong-Kong, Thaïlande... - m'amène à m'imprégner au mieux du quotidien des gens et à appliquer sur terre les mêmes principes que ceux enseignés par la vie en mer : méfiance extrême et vigilance en permanence ; ceci permet d'éviter très généralement les situations difficiles. Je décide donc très vite de partir en Indonésie parce que visiblement, dans le nord de l'île de Sumatra, la catastrophe apparaît comme la plus importante. La situation politique, guère engageante, résulte d'un conflit armé très ancien entre les habitants d'Aceh et le Gouvernement central de Jakarta. Dans la province d'Aceh, la police applique encore la loi islamique (référence à l'Islam dur). Ajoutons que cette province possède des ressources naturelles importantes, notamment en gaz et en bois précieux, ce qui renforce les tensions. Sur le plan géographique, l'intérieur du nord de l'île de Sumatra, très montagneux, révèle des paysages incroyables de beauté, très sauvages et particulièrement attractifs.

Laetitia Gardin, que je connais déjà assez bien, se propose pour remplir la mission d'évaluation et, avec Estelle Prin et Stéphane Méril tous deux journalistes à France 3, nous nous rendons à Sumatra dans les premiers jours de Janvier. Notre habitude d'intervenir dans des contextes difficiles nous permet d'être opérationnels très vite et de communiquer au mieux les informations nécessaires au bon déroulement des missions, d'autant que notre organisation structurée avec un staff administratif le plus réduit possible allie compétence et forte réactivité. Le matériel nécessaire aux interventions - de qualité, entretenu, vérifié et disponible à tout moment - constitue un gage de sérieux et de sécurité pour les personnes susceptibles d'être confrontées à des situations difficiles ; à tout moment, en cas de problème, les équipes d'évaluation doivent pouvoir communiquer avec le siège. À cet effet, depuis plusieurs années déjà, nous profitons d'un partenariat et des mécènes - Bernard DAS figure parmi les plus fidèles d'entre eux - nous aident à financer du matériel spécifique souvent onéreux.

Dans chaque pays, nous attachons une grande importance à l'intervention en harmonie avec les confrères locaux, essayant toujours au maximum de les intégrer dans nos opérations d'évaluation et de reconstruction. Les contacts préalables à notre arrivée respectent l'organisation professionnelle du pays ou de la région concernés. Pour cette opération sur le Nord de Sumatra, nous optons pour le secteur de Medan, la communication avec la ville de Banda Aceh s'avérant impossible dans les premières semaines de la catastrophe. Des architectes de Medan - Taofip le représentant de l'organisation professionnelle à Medan et Aan, enseignant à l'école d'architecture - nous accueillent donc. Nous initions ainsi un partenariat avec des étudiants, sur plusieurs mois, nous permettant de faire intervenir une cinquantaine d'entre eux, filles et garçons, pour la mission d'évaluation globale. De ces étudiants de l'époque, maintenant diplômés, nous avons « récupéré » notamment Amri lequel collabore encore avec nous aujourd'hui ; il a d'ailleurs effectué un travail remarquable à nos côtés sur Sigli.

Nos confrères indonésiens nous réservent un accueil particulièrement chaleureux et mettent à notre disposition tout le nécessaire pour nous rendre immédiatement opérationnels : logements, location de véhicules, traducteur ; par la suite, ils nous ouvrent leurs bureaux pour toute la gestion de la phase d'évaluation.

La distance se compte en heures de voitures et non pas en kilomètres pour rejoindre Banda Aceh depuis Medan ; au total, 12 heures s'avèrent nécessaires pour faire le trajet ; une circulation importante due à l'afflux d'aide humanitaire sur le Nord de l'île rend la circulation particulièrement difficile et nous oblige à nous déplacer notamment de nuit.

Nous arrivons à Banda Aceh en tout début de matinée ; il y règne une très grande chaleur et une forte humidité ; par ailleurs, dans les quartiers bas de la ville, l'air est imprégné d'une odeur insoutenable... Le spectacle incroyable qui apparaît à nos yeux montre l'extraordinaire force de la nature : un tiers de la ville est réduit à un tas de gravats d'où émergent, çà et là, quelques bâtiments sûrement un peu mieux construits, comme les mosquées notamment. Dans l'histoire récente de l'Humanité, il semble qu'une destruction aussi importante que celle de cette ville, provoquée par le même phénomène physique, ne se soit pas produite : partout des cadavres, des ruines, des chiens errants, des fosses communes, des camions entiers de corps sans vie... Une réelle vision de fin du monde nous envahit tous.

Nous sommes là pour comprendre, analyser, informer et témoigner : Laetitia et moi, nous faisons de notre mieux, avec parfois un sentiment de voyeurisme fort désagréable. Pourtant, c'est sans aucun regret aujourd'hui, car je suis convaincu que le rôle d'information et de témoignage demeure fondamental pour la compréhension et l'analyse des phénomènes physiques et techniques. Désormais, notre pertinence en matière de reconstruction se trouve renforcée par ces images gravées à jamais dans nos mémoires ; de plus, nos compétences accrues également au cours des catastrophes nous amènent aujourd'hui à argumenter très largement sur des choix techniques permettant aux populations vulnérables de profiter de cette expertise lors de la mise en œuvre de nos programmes.

On constate un phénomène physique particulièrement important : le nord de l'Ile de Sumatra s'est déplacé dans le sud-ouest, d'une vingtaine de mètres ! Chronologiquement apparu d'abord, le tremblement de terre très important a engendré des effondrements de bâtiments dans la ville de Banda Aceh plusieurs minutes avant l'arrivée du tsunami. Les bâtiments les plus sinistrés sont des bâtiments de grande hauteur. Un certain nombre d'entre eux sont tombés ou, fortement endommagés par le séisme, ont ensuite subi des destructions très importantes à l'arrivée de l'eau.

Une fois encore, l'absence de système d'alerte s'avère particulièrement meurtrière ; le séisme est ressenti très fortement par toute la population, non informée, alors que le réflexe de fuir les zones près de la mer - et donc inondables - conduisait à la survie... Une géographie locale particulière, accentuant le phénomène de montée des eaux, a provoqué en certains points des hauteurs d'eau de plusieurs dizaines de mètres - jusqu'à 16 m constatés non loin de Banda Aceh ! - Encore dernièrement, en juillet 2006, un séisme sous-marin important près des côtes de Java a entraîné la mort de plusieurs centaines de personnes, car aucun système d'alerte n'est encore en place dans cette région alors que des financements importants ont été attribués pour cela par la communauté internationale...

Nous réalisons rapidement une évaluation permettant de situer les secteurs les plus touchés et de dénombrer les populations à reloger d'urgence. À cet effet, nous obtenons la collaboration d'une cinquantaine d'étudiants de l'École d'Architecture de Medan, avec mission de se déplacer sur tout le littoral touché par la catastrophe. Nous ouvrons un premier bureau à l'École d'Architecture où se trouve la structure de base centralisant la totalité de la mission d'évaluation. Maud Romier et Ivar Hourke - une étudiante en architecture et un jeune ingénieur, tous deux français - coordonnent les missions des équipes de terrain envoyées en repérage avec les moyens techniques : GPS, cartographie et téléphone satellite. Répartis sur quatre secteurs, ils couvrent efficacement en deux semaines la totalité des zones ciblées. Nous pouvons présenter alors des cartes faisant apparaître les camps de réfugiés, avec le nombre de personnes s'y trouvant, les positions géographiques exactes, l'état des destructions, les manques repérés sur chaque secteur notamment en termes alimentaires et de santé, ainsi qu'une étude typologique sur les habitats dans ces différents secteurs. Ces documents sont communiqués immédiatement à l'Office de Coordination des Affaires Humanitaires des Nations unies (OCHA) ainsi qu'aux autres O.N.G.

Parallèlement aux évaluations de terrain réalisées par nos étudiants en architecture sur la totalité du périmètre touché par la catastrophe, nous recevons du Gouverneur adjoint de Banda Aceh une demande d'expertise et de mise en sécurité éventuelle, si nécessaire, de tous les bâtiments publics de la ville. En partenariat avec nos confrères architectes de Banda Aceh, ce travail s'effectue sous la responsabilité et l'encadrement de Thierry Martinet accompagné d'un jeune architecte français. Cette tâche importante, réalisée en une dizaine de jours par plus de 20 architectes locaux - malgré le traumatisme important subi par tous - constitue une œuvre professionnellement irréprochable et d'une qualité qu'il convient de souligner. Il faut en comprendre la particulière pénibilité : parfois, il leur faut même enjamber des corps pour se rendre sur les lieux des investigations nécessaires au parachèvement de leur travail. Nos amis architectes locaux, dont beaucoup ont perdu un ou plusieurs membres de leur famille, se sont investis professionnellement dans cette mission. Je pense particulièrement à Nisarli et Journalis, tous deux durement touchés par la catastrophe ; ils font abstraction de leur peine personnelle et, en outre, nous remercient de venir d'aussi loin pour les aider !

La mission d'évaluation nous permet de nous situer sur un secteur relativement facile d'accès, où les manques sont importants et où la reconstruction s'avère nécessaire pour que les populations puissent reprendre une vie normale : nous choisissons dès janvier 2006 la zone de Sigli : elle est délaissée contrairement à celle de Banda Aceh.

Aujourd'hui encore, je regrette qu'avec les informations importantes que nous possédions, nous ne nous soyons pas positionnés, dès Janvier 2006, sur des secteurs où personne n'était présent ; par manque de moyens financiers et humains, il fallut décider que Sigli serait le seul site sur lequel nous interviendrions pour la reconstruction en Indonésie....Dommage que l'Union Internationale des Architectes, une fois encore, ait été absente...

Le choix de la ville de Sigli s'explique par le fait qu'une infrastructure économique liée à la pêche est particulièrement touchée : les bâtiments ainsi que les bateaux sont fortement endommagés. Parallèlement à cela, les populations de pêcheurs vivant sur le cordon lagunaire ont subi de plein fouet le tsunami et leur habitat ainsi que les écoles sont gravement sinistrés. Ivar reste sur Sigli quelques jours et il démarre rapidement nos premières opérations d'aide aux populations. Laetitia ainsi que Michael Martin, un jeune Irlandais fougueux et très compétent, abordent la mission avec comme objectif la remise en place de l'outil économique : construction d'écoles, relogement des populations, reconstruction des infrastructures maritimes du port (marché aux poissons, ateliers et sanitaires). Dans le même temps, nous entreprenons la réparation de 12 unités de pêche de 18 m de long et la construction de 38 embarcations de 4m50 de long motorisées pour la pêche côtière. Certains bateaux de pêche ont été emportés loin de la mer lors du tsunami ; il convient donc à présent de creuser parfois des petits canaux, réparer des routes et réaliser des manutentions lourdes, éventuellement très délicates, pour pouvoir remettre les bateaux à l'eau et les rendre navigables. La totalité des opérations de remise en état de l'outil économique prévues par notre programme s'achève en Août 2005. J'ai appris - et très vite compris - que, même dans l'humanitaire, la concurrence s'impose et les scrupules apparaissent peu nombreux. En effet, sur un programme initial de deux écoles sur les secteurs de Pasi Rawa à Sigli, nous démarrons très vite l'intervention de la plus grande école de Pasi Rawa en avril 2005, mais une O.N.G. peu scrupuleuse nous évince de la seconde, planifiée un peu plus tard ! Michael, responsable de la mission à ce moment, prend l'initiative de signer quatre autres protocoles d'accord avec les autorités sur des écoles nécessitant une intervention dans le même secteur. Actuellement, deux écoles sont complètement terminées, les trois autres, en cours de construction, seront définitivement achevées courant 2007.

Concernant les opérations de logement, dès les premières esquisses, un plan général de l'habitat simple avec deux chambres apparaît comme le standard minimum. Nous concevons et réalisons un prototype d'une maison standard qui occupe aujourd'hui la fonction de maison du gardien des infrastructures portuaires que nous avons reconstruites. Ce prototype - comportant beaucoup d'erreurs - nous a permis de figer des plans définitifs très différents permettant d'optimiser les problématiques constructives et architecturales en rehaussant le rez-de-chaussée d'un mètre au-dessus du niveau naturel du terrain afin d'éviter les inondations très courantes dues aux fortes pluies et aux fortes marées. Par ailleurs, une étude du comportement en cas de séisme d'une magnitude importante nous amène à valider la structure de cet habitat qui devrait résister à un fort séisme, endommageant peut-être la construction, mais permettant aux occupants de sortir vivants de celle-ci.

Les matériaux utilisés, choisis en fonction de leur disponibilité, tiennent compte des conditions environnementales et notamment de la déforestation consécutive à l'utilisation massive de bois, à la fois dans la construction et pour la cuisson d'éléments constructifs tels que les briques. Notre choix technique s'oriente alors vers des maisons en structure de béton, aux murs de remplissage réalisés en parpaings construits sur le site par nous-mêmes grâce à une usine de production de briques mise en place pour les besoins de l'opération. Cette construction des maisons à usage d'habitation porte sur un programme de plus de 550 unités : 200 terminées aujourd'hui, 100 en cours et 250 autres à démarrer dans les prochains mois. L'une des questions importantes dans ce type d'opération réside dans l'identification du foncier et des bénéficiaires, l'objectif consistant à « construire bien » et au profit des plus nécessiteux. L'enquête de ciblage des bénéficiaires joue un rôle déterminant dans l'attribution des constructions, mais elle demande aussi une investigation particulièrement fine sur la propriété foncière, ce qui n'est pas toujours aisé à mener. L'une des autres difficultés du foncier tient également dans le fait que des bénéficiaires vivant dans des conditions particulièrement précaires sont privés de terrain parce que celui-ci a été mangé par la mer ou encore parce qu'ils étaient locataires avant la catastrophe ; or, notre mandat ne nous permet pas de construire pour des propriétaires qui vont relouer ensuite.

Les déchets consécutifs à cette catastrophe et, notamment le déblaiement des différents bâtiments détruits, en quantités énormes, génèrent une décharge sauvage au bord de la plage, près d'un ancien cimetière ; en quelques mois, 70 000 mètres cubes de déchets en tout genre s'étalent sous les cocotiers ! Pour tenter d'y remédier, j'initialise une étude fondée sur le traitement de ces déchets par l'utilisation d'une filière économique « ad hoc » : l'objectif consiste à relancer l'économie tout en traitant les problèmes écologiques et de développement durable. Les solutions techniques existent certes mais les mentalités, les habitudes pèsent lourdement. Pour sensibiliser et mobiliser les cellules familiales au travers des enfants, et ainsi jouer la carte du long terme, notre proposition consiste à lier le programme de traitement de déchets à celui des écoles dans lesquelles nous intervenons. Malheureusement, les financements ne privilégient pas des opérations comme celle-ci... Pourtant, reconstruction et traitement des déchets vont de pair et - outre l'exemplarité de ce comportement - procéder différemment relève de l'aberration, car le développement durable passe par les actions concrètes, bien au-delà des discours...

J'allais presque oublier l'essentiel : le financement, évidemment ! Contrairement à certaines grandes O.N.G., nous n'avons pas reçu de fonds considérables nous permettant de réaliser des programmes ambitieux sans trop compter... Nous avons dû travailler avec ardeur sur des programmes importants, considérés comme sérieux par les bailleurs, dans lesquels je me suis impliqué personnellement pour ne pas décevoir les personnes qui ont placé en nous leur confiance. Les fonds les plus importants pour traiter ce programme émanaient de la Fondation de France, notre principal bailleur de fonds. Voici une longue liste des participants à nos programmes de reconstruction en Indonésie et en Sri Lanka : Conseils régionaux, Conseils généraux, Communautés de communes, villes, Conseil de l'Ordre des Architectes de différentes régions, Conseil National de l'Ordre des Architectes français, Collège des architectes espagnols, Association des architectes hollandais, Ministère des Affaires Étrangères, entreprises privées, Somfy, Imerys, Fondation Abbé Pierre, Fondation Rainbow bridge et beaucoup de simples particuliers...

Le difficile travail effectué par les différents expatriés tels que Laetitia Gardin, Michael Martin, Nicolas Gicquel, Barbara Botté, Jean-Philippe Tromme traduit leur profonde motivation et leur détermination. Notre équipe locale - composée de Novan, ingénieur structures, Amri, jeune architecte et Dewi notre traductrice et secrétaire administrative - par son travail acharné et son humilité (en apprenant beaucoup sur le tas...) s'est hissée à la hauteur de la lourde tâche. Un regret demeure : l'impossibilité de collaborer avec plus d'ingénieurs et d'architectes locaux car l'éloignement de Medan et le surcroît de travail dans cette région ne permettaient pas de réaliser ce souhait.

Toute la partie construction est effectuée selon deux grands principes : le "cash for work" (argent contre travail) ou l'utilisation de "contractors" (entreprises). La différence entre les deux est fondamentale de même que les résultats obtenus. Si l'on tient compte de la qualité du travail à réaliser, des délais de fabrication ou de mise en oeuvre ainsi que du coût final des constructions, contrairement à ce que l'on pourrait penser, faire travailler directement des entreprises - après un appel d'offres - se révèle une solution tout à fait acceptable. Toutes les entreprises travaillant pour nous ont l'obligation d'embaucher du personnel local directement touché par le tsunami. Cette constante nous permet, au-delà de l'aspect constructif, de faire vivre les gens en leur donnant du travail.

Techniquement et en termes d'approvisionnements en matériaux, faire travailler des ouvriers sous notre responsabilité directe constitue un travail considérable. Cela nous oblige à organiser une formation préalable des personnels que nous envisageons d'employer. L'opération que nous avons effectuée pour la construction de maisons d'habitation conduit à un résultat assez contrasté dans la mesure où les maisons terminées ont été beaucoup plus longues à réaliser, avec une qualité bien inférieure à celle des "contractors".

Pour le choix des matériaux, je suis fermement convaincu que le développement durable appliqué aux spécificités de l'urgence humanitaire découlant du tsunami doit passer impérativement par la construction en terre adaptée. De plus, il convient de réduire au maximum l'utilisation d'énergie fossile pour la fabrication des matériaux de construction et cela pour deux raisons évidentes :
 - diminuer le coût de la construction pour la rendre abordable à tous
 - ne pas détruire inutilement les ressources naturelles non renouvelables.
Nous devons donc trouver des solutions techniques pour réaliser des constructions en terre, tout en tenant compte des risques, c'est-à-dire en intégrant des composantes parasismiques par renfort adapté et également en utilisant les technologies sûrement à redécouvrir pour réaliser des matériaux solides.

Lorsque l'on parle de constructions en terre, cela exclut généralement les toitures ; toutefois, dans certains pays d'Asie Centrale ainsi que sur tout le Maghreb, la toiture en terre est acceptable car les pluies sont peu importantes (Iran, Afghanistan, Nord du Pakistan, Maroc, etc.) Ce sont des technicités que nous connaissons dans ces pays où nous sommes intervenus. L'énorme problème de ce type de couverture résulte incontestablement du poids : à Bam, en Iran, des milliers de pauvres gens ont été écrasés lors du séisme... Un travail considérable de recherche demeure nécessaire pour trouver les solutions techniques adaptées à ce savoir-faire ancien, l'objectif étant de construire pour tous un habitat pérenne et non dangereux.

Dans les pays tropicaux considérés comme pays chauds, les couvertures peuvent être en matériaux issus des arbres comme les palmiers, éventuellement en bardeaux de bois ; ce sont des solutions éprouvées et écologiquement convenables.

Pour les pays plus tempérés n'ayant pas l'habitude d'utiliser des toitures en terre, il faut donc trouver d'autres procédés simples et d'une tenue convenable dans le temps.

Toutes ces pistes d'investigations fort intéressantes mériteraient un traitement scientifique et notamment les amalgames de matériaux d'origines différentes présentant un ensemble de propriétés particulièrement performantes en termes thermiques et structurels. Notre organisation doit pouvoir répondre à ces attentes : performants dans la gestion de l'urgence, nous sommes tout aussi capables de répondre intelligemment en apportant de réelles solutions dans le cas d'un développement durable et cela en utilisant les matériaux locaux ainsi que le savoir-faire incontestable des populations, malgré le décalage culturel que l'on peut rencontrer.

À la fin de l'année 2006, la totalité du programme n'est encore pas terminée. Des infrastructures portuaires - marché aux poissons, vestiaires, sanitaires et bureaux - ont été livrées pendant l'été 2005 et une première tranche de 180 maisons totalement terminée. Une autre tranche de 100 habitations est actuellement en cours de construction ainsi que trois écoles sur les cinq planifiées initialement, dont deux complètement terminées. En début de l'année prochaine, une tranche d'environ 170 maisons devrait démarrer avec un objectif de livraison en fin d'année 2007. Nous aurons alors bouclé la totalité du programme initialement prévu. Pour une opération de 500 maisons, nous n'avons pas su faire autrement que de l'étaler sur une période longue pour deux raisons principales :

- D'abord, comme déjà précisé, nous n'avons pas eu accès à la manne d'argent qui est tombée dans la caisse de la majorité des grandes O.N.G. Celles-ci, contrairement à nous, ont éprouvé de grosses difficultés pour dépenser des fonds très importants ; si nous avions disposé rapidement de fonds importants, nous aurions pu lancer sans trop de difficultés plusieurs centaines de constructions comme celles réalisées à la fin de l'année 2005...

- Ensuite, on se heurte à la difficulté de trouver les personnes compétentes en nombre suffisant pour réaliser des opérations d'importance. Celles-ci sont en outre ralenties par les intempéries (chaleurs fortes et pluies abondantes) et les difficultés d'approvisionnement.

D'une façon générale, la reconstruction aurait pu aller beaucoup plus vite si elle avait été entreprise par des professionnels - pas des professionnels de l'humanitaire uniquement, mais bien par des professionnels de la construction - parce que c'est bien de cela dont il s'agit.

Sri Lanka : plus difficile qu'il n'y paraît !

Au Sri Lanka, un afflux d'aide humanitaire est parvenu du Monde entier dès l'annonce de la catastrophe. Des équipes de sauveteurs - parfois complètement inadaptées - se sont rendues au Sri Lanka, informées par les flots d'images déversés par les médias sans discontinuer ; il semble bien qu'une partie des gens qui se sont proposés pour partir au Sri Lanka avaient à l'esprit « des vacances humanitaires »...

J'ai un peu de difficulté à accepter les gens capables de "faire de l'humanitaire" entre le 14 juillet et le 15 août, comme par hasard pendant leur période de vacances ; d'autres préfèrent les vacances de Février ou de la Toussaint ; nous n'avons jamais eu de propositions pour partir aux vacances de Noël et du Jour de l'An : l'aide humanitaire s'accommode mal du temps partiel...

Ma conception est très différente de celle de la majorité de mes contemporains, car je pense que l'aide humanitaire est un engagement individuel, une réelle volonté d'agir avec ses capacités professionnelles, pour les gens qui en ont besoin. En conséquence, il paraît nécessaire d'offrir sa disponibilité pour une période assez longue et sans compter les jours, les heures, ni l'argent... Cette perception de l'humanitaire, peut-être un peu à la française, où les gens partent avec une réelle motivation, est le fondement même de notre organisation, ce que l'on peut appeler franchement, clairement et avec fierté : un véritable engagement humanitaire !

Pour revenir au Sri Lanka, nous sommes énormément sollicités par des personnes motivées temporairement et uniquement par le pays qu'elles choisissent. J'ai reçu sur mon téléphone portable des dizaines d'appels d'architectes, certains affirmant être les meilleurs, prêts à bondir dans le premier avion pour aller sauver la planète pendant une semaine à 10 jours au maximum, pour une rémunération à la hauteur de leur talent, souvent très important à leurs yeux.... L'organisation ne fonctionne pas comme cela ; ils ont souvent été courtoisement éconduits, mais vexés pour la plupart de ne pas faire partie de la grande aventure humaine à laquelle ils aspiraient. Je me suis énervé à différentes reprises en recevant des lettres de motivation m'expliquant tout ce qu'il fallait faire pour être opérationnel, au Sri Lanka et uniquement au Sri Lanka pour ne surtout pas mettre les pieds dans un pays musulman ; comme si un homme n'en valait pas un autre...

À ce moment-là, nous sommes opérationnels dans plusieurs pays, et lors des sessions de recrutement, le secteur géographique (ou le pays) ne peut être considéré comme une exigence des personnes concernées ; le choix s'effectue sur une réelle motivation, une compétence et surtout une disponibilité pleine et entière.

La mission d'évaluation a démarré au même moment que pour l'Indonésie, c'est-à-dire lors de la première semaine de Janvier 2005 ; Christian Combes s'est rendu disponible pour plusieurs semaines afin de mettre en place une évaluation nous permettant d'intervenir efficacement. Nous avons donc eu pléthore de candidats pour intervenir au Sri Lanka, et d'énormes difficultés à trouver du monde pour le nord de Sumatra. Cette erreur d'interprétation quant à la difficulté de l'intervention est sûrement directement liée à la méconnaissance que nous avions du Sri Lanka et de toute sa complexité.

Globalement, le Sri Lanka aujourd'hui encore est divisé en deux parties très distinctes composées de deux peuples qui se livrent une guerre fratricide depuis l'indépendance intervenue juste après la Deuxième Guerre Mondiale. La partie singhalaise bouddhiste se trouve au Sud-Ouest et à l'Ouest de l'île de Sri Lanka où se trouve la capitale Colombo. L'autre partie habitée par des Tamouls Hindouistes s'étend sur tout le Nord et dans une grande partie Est ; on y trouve la faction politique armée plus connue sous le nom Tamil Tiger (Tigre Tamul du LTTE). Depuis le départ des Anglais - il y a plus de 50 ans - et l'"assemblage" théorique de deux peuples n'ayant jamais vécu ensemble, le conflit armé fait rage à Sri Lanka dans l'indifférence totale, puisque aucun enjeu économique n'intéresse les pays riches dans ce secteur. Dans ce contexte particulièrement difficile, le Sri Lanka - et plus exactement les autorités singhalaises - a fait appel à l'aide internationale, tout à fait conscient de la manne financière que cela pouvait représenter.

Ce qui est très difficile à apprécier pour des étrangers, c'est qu'après plus de 20 ans de guerre civile, nombreux sont ceux qui ont du sang sur les mains ; un jour terroriste, le lendemain élu démocratiquement, la limite entre le terroriste et le militaire est bien fragile... Une partie importante des secteurs touchés se trouve dans les zones tamoules ; par contre, toute l'aide humanitaire est gérée par les autorités singhalaises ; seules, quelques enclaves contrôlées par Colombo ont été accessibles aux O.N.G. intervenant pour l'aide comme dans les secteurs de Tricomalee et Batticaloa où des poches occupées par l'armée régulière nous ont permis d'intervenir. Nous avons eu d'énormes difficultés à comprendre les stratégies complexes des rapports entre Tamouls et Singhalais qui sont toujours prêts à en découdre. Aujourd'hui encore, nous sommes incapables de déterminer si les attentats perpétrés l'ont été spécialement d'un côté ou de l'autre, pour des bénéfices stratégiques insaisissables, mais faisant souvent de très nombreuses victimes et parfois des dizaines de morts !

J'ai vraiment l'impression que, globalement, nous avons tous été trompés et que trop de gens sont passés complètement à côté de la réalité, loin du vrai quotidien des Sri Lankais : nous avons mal évalué la difficulté d'y travailler efficacement. Il s'avère extraordinairement difficile de comprendre que dans ce pays les touristes arrivent en bermudas à fleurs à l'aéroport, se hâtant de gagner leur « hôtel quatre étoiles » au bord de la plage, et que pendant ce temps, à quelques kilomètres de là, des gens s'entretuent ! C'est cela, la guerre civile : une guerre très sale qui, sans dire son nom, existe au quotidien. Peut-être ce pays si beau a-t-il été l'inventeur du terrorisme suicidaire qui, depuis, est devenu malheureusement trop célèbre dans le Monde entier. Il faut avoir vécu - même assez brièvement - dans le pays pour appréhender un peu mieux la guerre qui s'y déroule et la terreur qu'éprouvent au quotidien les populations civiles.

Pendant quelques semaines, nous avons été « baladés » par les autorités sri lankaises qui ont élevé chaque jour plus haut le niveau d'exigence. On nous a obligés à signer des documents devant être communiqués à sept ministères différents : obligation de construire sur des terrains avec une autorisation du Gouvernement, obligation de demander au Gouvernement de valider les plans, permis de travail à échéance nous astreignant à faire revenir nos expatriés sur la capitale... De plus, les Sri lankais ont décrété l'impossibilité d'ouvrir des comptes avant d'avoir obtenu ces fameux documents... Cela nous a forcés à piétiner durant presque six mois avant de pouvoir être réellement efficaces sur le terrain : ça fait quand même beaucoup de points de contrôle pour cette « démocratie socialiste » qu'est le Sri Lanka aujourd'hui... et ça rappelle beaucoup de mauvais souvenirs !

Presque deux ans après, je pense que le Sri Lanka a été l'équivalent d'un "Vietnam" humanitaire. Avec la bonne volonté des O.N.G., le Gouvernement a orienté l'aide au profit d'intérêts politiques particuliers évidents et n'a pas essayé de régler le problème de fond. La communauté internationale est complètement absente de la solution politique : pourquoi ne développons-nous pas une force des Nations unies, pourquoi laisse-t-on encore des populations s'entre-tuer ? Les Anglais sont partis en 1947, laissant le pays avec un découpage géographique ne correspondant pas à ces deux peuples et depuis, plus rien ! Cette région n'intéresse pas les Américains et les Anglais sont absents...

Comme si la complexité du pays ne suffisait pas, nous avons commis des erreurs de recrutement, et un certain nombre des expatriés qui se sont succédés n'ont pas franchement été à la hauteur de la tâche à accomplir. Daniel Molmy a travaillé avec nous à la mise en place des équipes de terrain ainsi qu'au suivi administratif des missions ; je le vois encore s'arracher les quelques cheveux qui lui restaient pendant qu'il compulsait des piles de curriculum vitae essayant de trouver la perle rare. Nous avons eu des difficultés successives avec des gens relativement âgés - dépassant la cinquantaine - et pas du tout aptes à gérer la situation. Yves Justin, comme d'habitude, est venu en renfort ponctuellement pour recadrer dans un premier temps, et essayer de faire avancer nos missions et ensuite le relais a été pris par Catherine Charles Couderc pour tout le suivi technique ; j'avoue franchement avoir lâché Sri Lanka pendant un moment, ayant fort à faire avec l'Indonésie et toutes les autres missions qui débutaient par ailleurs. Par contre, des jeunes architectes ont globalement réussi leur mission, mais pas un seul français qui ait vraiment tenu la route : Jao Paulo Brito, un jeune Brésilien très efficace que j'avais formé en France, a donné un bon coup de main sur toute la conception graphique et ensuite notre binôme émérite composé de

Francesca Favini (Italienne) et de Robbie Dotts (Australien) a bien pris les choses en main à un moment où je pensais la situation très mal engagée. Nous avons fait confiance à des jeunes, à des personnes motivées ne disposant pas forcément de toutes les capacités techniques mais ayant - c'est essentiel - l'envie de travailler et d'apprendre. Je pense qu'ils ont énormément découvert et nous-mêmes, dans un autre registre, nous avons appris sur nous-mêmes et sur le développement de notre structure ; on peut agir efficacement avec des débutants très volontaires, à condition de bien les encadrer !

Du côté des programmes, nous avons entamé un partenariat avec une O.N.G. locale créée le lendemain du tsunami par un Français bien au fait des rouages humanitaires et connaissant parfaitement la complexité sri lankaise ; nous avons donc entamé avec Sri Lanka Solidarity (SLS) une démarche commune pour l'obtention des terrains, l'intérêt de SLS étant de se faire admettre par les autorités sri lankaises au travers de notre reconnaissance internationale et le nôtre de bénéficier de leurs connaissances locales. Après des mois de démarches, nous avons donc obtenu la reconnaissance en qualité d'O.N.G. pour intervenir sur les problèmes de reconstruction.

Des terrains nous ont été attribués en différents endroits et notamment à Muthur, au sud de la baie de Tricomalee, en plein secteur tamoul contrôlé par l'armée régulière de l'autorité de Colombo. Le programme sur place était relativement intéressant car Muthur étant enclavée, peu d'O.N.G. se trouvaient sur place et bien que nos relations aient toujours été difficiles avec le représentant du Gouvernement, nous avons entamé la construction de 40 équipements de pêche appelés sur place « fish vadies », la réhabilitation d'un bâtiment important occupé par de petits commerces locaux, d'un centre communautaire et l'édification de 200 maisons sur un terrain qui ne pouvait pas en contenir plus de 70. Nous avons donc démarré ce travail de reconstruction dès le mois de Mai 2005, sans SLS qui a concentré ses efforts sur des terrains dans le sud, près de Hambantotta. On peut aisément se rendre compte qu'il nous manquait du terrain pour pouvoir construire globalement plus de 130 maisons... Les autorités nous ont promis pendant presque un an que le terrain allait nous être donné très rapidement ; les mois ont passé : rien n'est arrivé...

Malgré la détermination de Robbie et Francesca, nous n'avons jamais pu obtenir les terrains, essentiellement pour des raisons politiques, je présume... Muthur a une particularité : c'est un secteur habité essentiellement par des musulmans, qui ne sont ni Tamouls ni Singhalais. Avec la persévérance de tous, en six mois, plus de 60 maisons sont sorties de terre, les 40 équipements pour les pêcheurs ont été terminés ainsi que le bâtiment commercial ; les difficultés résidaient notamment dans des problèmes d'approvisionnement : nous avons utilisé des briques de terre crue armée, parce que nous essayons de favoriser le développement durable avec tous les problèmes que cela engendre. Les briques étant fabriquées à Colombo, parfois les convois ne parvenaient pas à destination, les chauffeurs refusant d'aller dans ce secteur à la mauvaise réputation...

La situation politique depuis les élections de fin 2005, n'a pas cessé de se dégrader, le Gouvernement de Colombo ayant visiblement envie de s'opposer aux Tamouls. Dès le mois de Décembre 2005, la situation a réellement changé sur place : des milices armées ont commencé à patrouiller dans Muthur, et épisodiquement des accrochages plus ou moins violents se sont produits, faisant à chaque fois une à plusieurs victimes. Graduellement, la sécurité est devenue un problème de plus en plus préoccupant jusqu'au mois de Juin 2006 où notre équipe a été victime d'une bande armée qui l'a complètement dépouillée. Depuis plusieurs semaines déjà, nous l'avions déplacée sur Tricomalee afin de procéder à une évacuation en partenariat avec d'autres O.N.G., en cas de problème ; malheureusement, ce jour-là le ferry qui devait les ramener n'est pas venu à cause d'un accrochage... Une bande, bien informée, de cinq à six hommes a profité de l'occasion pour dépouiller Robbie et Francesca de leurs passeports, de leurs cartes bleues et de l'argent liquide en mettant en joue deux des gardiens avec des Kalashnikov... À partir de ce moment, nous avons opté pour une sécurité maximum : il fallait se rendre sur le site très ponctuellement afin de vérifier l'avancement des travaux, mais en aucun cas ne rester sur place ni dormir à Muthur. Malheureusement, nous n'étions pas au bout de nos problèmes. Quelques jours plus tard, un de nos ouvriers est enlevé pendant la nuit et encore aujourd'hui nous n'avons aucune nouvelle. Ce père de famille était un sinistré du Tsunami embauché pour les opérations de construction. Son enlèvement est visiblement sans relation avec nous.

Début août 2006, la construction était très avancée, une grosse partie de la maçonnerie des 60 maisons terminée. Les charpentes restaient à poser, mais nous avions des difficultés d'approvisionnement et l'option des charpentes métalliques sur ce site s'avérait la solution la plus simple. Un accrochage important entre les forces gouvernementales et le LTTE a lieu en ce début Août ; immédiatement, nous demandons à Robby et Francesca d'arrêter la totalité des opérations. Muthur se situant au centre de la région des hostilités, ordre leur est donné de rentrer immédiatement sur Colombo. Le 3 août 2006, à la suite des bombardements des forces régulières sri-lankaises sur Muthur - pris par le LTTE trois jours auparavant - les populations civiles sont fortement touchées. Parallèlement à la reprise de Muthur par l'armée régulière, des exactions sont commises et 17 membres de l'O.N.G. française « Action contre la faim » (ACF) sont exécutés. Dans la soirée du 5 août, nous apprenons que l'un de nos ouvriers a été tué dans les bombardements et trois autres blessés plus ou moins grièvement. Vingt-quatre heures plus tard, deux "contractors" qui travaillaient pour nous depuis presque un an sont portés disparus ; nous apprendrons par la suite qu'ils ont tous les deux été assassinés à 40 km de Muthur et que leurs corps ont été brûlés.
C'est un coup de massue sur l'humanitaire !
En analysant les événements aujourd'hui avec du recul, il y a tout lieu de penser que les membres d'ACF - dont 16 sur 17 étaient Tamuls - ont été exécutés pour des raisons ethniques... En d'autres lieux, à d'autres moments, on aurait appelé cela "épuration ethnique" ou "génocide" ; mais là, tout le monde semble s'en moquer... En Occident, c'est l'époque des congés, la France entière est à la plage et pendant ce temps-là, le Président de la République est en vacances, le Ministère des affaires Étrangères est occupé avec le conflit israélo-libanais et Ségolène Royal monte dans les sondages : tout va bien...
Tous les humanitaires français, en ce mois d'Août 2006, ont pris un grand coup sur la tête ; personne n'a vraiment bougé du côté des gouvernements et des représentants des Nations Unies... Les Sri Lankais ont lancé une enquête qui s'est enlisée rapidement, sans bruit, en attendant que tout le monde se lasse.

Les personnes tuées travaillant pour "Architectes de l'Urgence", cela fait partie en quelque sorte des... "dommages collatéraux" dus au conflit car en fait, les forces gouvernementales qui ont bombardé Muthur et ses populations civiles ont fait des victimes mais nos ouvriers - un tué et trois autres blessés - se trouvaient parmi des dizaines d'autres. Pour les deux "contractors" exécutés, c'est différent : ils ont, semble-t-il, été victimes d'un règlement de compte, fréquent dans des situations similaires. Peut-être avaient-ils eu le tort de mener des investigations pour retrouver la bande armée qui a dépouillé Robbie et Francesca ? C'est une hypothèse assez probable.

À compter de début Août 2006, nous suspendons notre intervention tout en restant présents à Sri Lanka et nous mettons à l'abri nos expatriés à Colombo, où, comme d'habitude, des avions entiers de touristes continuent de débarquer sans se douter un seul instant de la situation alarmante que des populations civiles vivent au quotidien. Nous prenons immédiatement la décision de protéger nos expatriés, mais de rester présents à Sri Lanka pour deux raisons majeures :
- nous désirons témoigner des exactions et ne pas laisser les criminels en paix en abandonnant lâchement, mais ceci n'est pas sans risque pour les personnels locaux et expatriés qui sont sur place ;
- notre but est de terminer nos constructions une fois la tension retombée ; notre objectif est de construire dans des zones en paix ; par chance, ce que nous avons commencé à édifier n'a pas souffert des bombardements, seuls deux "fish wadies" ont été touchés par des tirs de mitrailleuses.

Parallèlement à cela, nous entreprenons alors de travailler sur des programmes de reconstruction dans le sud à la demande de Lalith Da Silva, notre confrère Architecte Sri Lankais ; son frère a été assassiné fin juillet 2006, pour des raisons obscures, prés de Galle dans le sud ; même dans le sud, la sécurité n'est absolument pas garantie. Nous arpentons ensemble les zones où des constructions disparates ont été édifiées par une multitude d'ONG, avec des résultats plus ou moins bons... Là non plus, l'entente entre les différentes communautés, les administrations gouvernementales et les ONG ne va pas de soi. Nous travaillons sur des programmes afin de donner une solution de repli acceptable aux bailleurs qui nous ont fait confiance ; mais nous sommes conscients que dans l'Est de l'île les besoins sont toujours très importants.

D'un commun accord avec Martin Spitz, responsable des programmes Tsunami à la Fondation de France, nous mettons alors en place une stratégie pour finir dès que possible le programme de Muthur et en démarrer un autre. Notre volonté est de construire là où les besoins sont les plus importants, c'est-à-dire dans l'Est et dans le Nord, en secteur tamoul. Le secteur de Batticaloa a été choisi parce que nous avons un protocole d'accord sur un terrain pour la réalisation de 120 maisons. Pour une raison de proximité géographique évidente, ce choix peut satisfaire tout le monde, et en Novembre 2006, nous réinstallons notre équipe sur l'Est de Sri Lanka, à sa grande satisfaction d'ailleurs.

Par devoir moral vis-à-vis des trois personnes qui ont été tuées et qui travaillaient pour Architectes de l'Urgence, le Conseil d'Administration a décidé à l'unanimité de contribuer aux études des 8 enfants orphelins âgés de 8 mois à 14 ans, plutôt que de remettre un chèque aux familles.

Francesca et Robbie ont été très touchés par ces douloureux événements, mais ils ont fait front. J'ai eu peur qu'ils prennent parti - à la suite des événements - mais le repli de plusieurs semaines à Colombo leur a donné du recul par rapport à la situation et leur a permis de se positionner vraiment comme des humanitaires. Le travail qu'ils ont réalisé, dans des conditions parfois très difficiles, est remarquable ; en faisant abstraction du manque de confort le plus élémentaire, ils ont construit à force de travail et de conviction : bravo !

Thaïlande : notre devoir

Depuis plusieurs années, nous entretenons des relations étroites avec les unités d'intervention de la Sécurité Civile de Brignolles USC7 et de Nogent le Rotrou USC1. À la suite de l'explosion de l'usine AZF, au fur et à mesure des catastrophes, nos relations ont été de plus en plus fréquentes et notamment par l'intermédiaire du colonel Erik Landes qui est devenu un de mes amis.

Cependant, les interventions en partenariat avec la sécurité civile à l'étranger sont des opérations dirigées par le Ministère des Affaires Étrangères, le Ministère de la Défense et celui de l'Intérieur ; associer des civils et des militaires se produit très rarement, à notre grand regret, dans la mesure où la logistique dont disposent ces derniers est impressionnante.

Nous avons tous été choqués, traumatisés par les images terrifiantes des conséquences du tsunami sur les plages de Puckett en Thaïlande. Bien qu'ayant réalisé une évaluation au tout début de Janvier, Christian Combes et moi-même n'avions aucune intention de travailler à des reconstructions, car les Thaïlandais sont tout à fait capables de répondre à la demande en interne. Cependant, il existe un problème fort important : celui des disparus ; après plusieurs mois de recherches, un certain nombre de disparus n'a toujours pas été retrouvé et notamment dans la communauté française présente en Thaïlande. Nous avons donc reçu une demande officielle des autorités françaises pour tenter de retrouver des corps à l'Hôtel Sofitel de Kao Lak. Cette mission en partenariat avec la Sécurité Civile, d'une durée de six mois après la catastrophe, a un caractère symbolique, car il s'agit de s'assurer qu'aucun corps ne peut plus se trouver dans le vide sanitaire, les fosses ou les réseaux de ces bâtiments. Je cherche deux personnes compétentes, solides à la fois psychologiquement et physiquement et disponibles pour cette mission d'une quinzaine de jours ; Yves Justin et Guy Maronèse, sans tergiverser, acceptent.

Ils passent 15 jours avec une équipe d'une quarantaine de Thaïlandais et quelques-uns des hommes de la Sécurité Civile à chercher tous les endroits possibles où des corps de victimes peuvent se trouver enfouis. Yves y perd 7 kg, usant beaucoup d'énergie à la tâche dans les endroits où les Thaïlandais ont peur à cause des serpents. Il m'avouera plus tard - et on peut le comprendre - que s'il avait su ce qui l'attendait, il aurait sûrement renoncé...

Cette mission spéciale nous apprend qu'il est important pour les familles de retrouver les corps des victimes dans la mesure du possible, et de faire toutes les investigations nécessaires pour cela. Les militaires de la Sécurité Civile, au plus haut niveau, ont reconnu la compétence de notre organisation, et surtout des hommes qui la composent. Il paraît évident, à terme, que des architectes spécialisés dans les actions après catastrophes, notamment les séismes, devront intervenir conjointement avec les équipes de sauvetage et de déblaiement pour sauver des vies. C'est un pas que nous devons encore franchir.

Juillet 2005 : Congrès d'Istanbul

Congrès de l'Union Internationale des Architectes à Istanbul : une fois de plus, les discussions entamées avec cette institution internationale sont au point mort.

Depuis le Conseil du Mexique l'année précédente, rien n'a avancé, aucune décision n'a été prise. J'ai la forte impression que peu d'idées nouvelles - difficiles à accepter - peuvent faire bouger cette vieille dame qu'est l'UIA. Il s'agit aussi de prendre des décisions importantes notamment celles de la réorganisation complète de cette structure juste avant l'élection d'Istanbul... C'est, semble-t-il, la raison pour laquelle rien n'a vraiment évolué.

Mais à Istanbul, lors d'un Conseil précédant le Congrès, une résolution importante est adoptée : ne pas "faire d'humanitaire" à l'UIA. À partir de là, pour moi les débats sont clos, mais j'ai le champ libre pour organiser un réseau international humanitaire "architectes" sans empiéter sur les prérogatives de l'UIA !

Les membres du Conseil ont pris cette décision parce que les Turcs, organisateurs de ce Congrès, sont farouchement opposés à l'action humanitaire pour la gestion de catastrophes notamment : la responsable du groupe de travail « catastrophes naturelles », une enseignante, a réussi à imposer son veto avec son pays. Afin de ne pas créer d'incident diplomatique au plus haut niveau, le Conseil dans son ensemble a voté pour une décision que beaucoup de ses membres ont dit avoir regretté ensuite et notamment Gaëtan Siew, le nouveau Président de l'union internationale des architectes. Depuis, les choses ont avancé et l'UIA est entrée dans la voie de la réforme ; du sang neuf est arrivé apportant des idées nouvelles. Avec satisfaction, nous constatons que cette organisation lourde évolue...

Septembre 2005 : 5000 logements en France

Durant l'été 2005, dans Paris, des dizaines d'Africains sont morts dans les incendies des hôtels où ils sont logés. Quand cela se produit une fois, cet accident ne marque pas trop les esprits. Mais lorsque cela arrive à plusieurs reprises dans une période courte, c'est plus grave, la responsabilité de l'État - qui finance les nuitées de ces pauvres gens - est évidente ; le minimum de sécurité doit être assuré à ces personnes dans des logements décents malgré leurs habitudes de vie très différentes des nôtres.

Au tout début de Septembre 2005, le Premier Ministre Dominique de Villepin annonce, lors d'une conférence de presse, que l'État va se charger de réaliser 5000 logements d'urgence pour des populations en situation régulière vivant dans des conditions insalubres, la plupart du temps chez les "marchands de sommeil" parisiens. Le Premier Ministre précise alors que, dans les six mois, les constructions vont voir le jour. Le lendemain, nous recevons un coup de téléphone du Directeur du Patrimoine de la Sonacotra, Guy Bouvier ; je l'avais rencontré l'année précédente lors d'une conférence sur le logement social et la francophonie. Il me demande simplement : « Est-ce que vous êtes intéressés pour travailler sur les 5000 logements d'urgence annoncés hier par le Premier Ministre ? ». Faire 5000 logements en France en six mois, un beau défi ! J'ai répondu immédiatement que ça m'intéressait...

Une réunion est organisée dans la foulée avec tout le staff de la Sonacotra et des représentants des ministères concernés. Pour mettre en place cette opération, il faut réunir les "ingrédients" suivants : terrains, entreprises, autorisations (permis de construire), architectes, maîtrise d'ouvrage (SONACOTRA) et... des financements !

Première étape : donner un chiffre au Premier Ministre pour évaluer le montant de l'addition. Les logements - destinés à être démolis dans les 5 ans - ne peuvent être que du préfabriqué, solution très mal perçue par certaines têtes de la profession qui n'hésitent pourtant pas à faire des productions en série pour leur compte... et pas des meilleures ! En apprenant le coût total de l'opération - plus de 500 millions d'euros - les énarques des ministères ont dû entendre siffler leurs oreilles ! La somme nécessaire est énorme et, de plus, à condition de ne pas acheter les terrains. Les communes ou l'État devraient nous les donner. Faisons abstraction de surcoûts éventuels : pollution de sol, fondations spéciales ou démolition...

Dès le début, je rencontre Jérôme Gerber, architecte conseil de la Sonacotra, avec qui le courant passe tout de suite. Nous sommes donc mandatés comme assistants à la maîtrise d'ouvrage pour aider l'État, au travers de la Sonacotra, à mettre en route cette énorme machine. Jérôme, Dominique Alet, Guy Maronèse et moi mettons en place la stratégie pour pouvoir répondre dans les temps au relogement des Africains toujours hébergés dans des conditions inacceptables ; il faut aller vite et demander aux entreprises de chiffrer, sur la trame d'un bordereau à bon de commande, les coûts de construction pour des typologies de logements différentes. À ce moment précis, c'est-à-dire le 10 Septembre 2005, nous n'avons aucun terrain, pas d'architecte pour établir les demandes de permis de construire et pas d'entreprises pour réaliser les travaux...

Nous prenons contact avec des entreprises de bâtiment déjà habituées à ce type de construction : Algéco, Cougnaut et aussi des ténors du bâtiment et des travaux publics comme Bouygues et Eiffage. Nous voulons prendre la température et voir la pertinence de ce type de programme. Pour lancer un appel d'offres - même d'urgence - il faut le chiffrer ! Et alors, les "cols blancs" reprennent le dessus... Avec Jérôme, nous essayons de vraiment tout faire en respectant le code des marchés publics. Nous réalisons notamment une consultation de maîtrise d'oeuvre ; dans le cahier des charges pour les entreprises, il est indiqué que les systèmes modulaires doivent permettre la conception architecturale type « légos », avec choix des assemblages et des couleurs, balcons... (etc.) à la charge de l'architecte responsable du projet, dès que celui-ci aura le terrain.

Le terrain ! Quelle galère !

Une de mes premières surprises : la Ville de Paris, pourtant directement touchée par le problème, n'a rien proposé pour ces solutions d'urgence, sûrement pour des raisons politiques (ne pas apporter d'aide aux choix du Premier Ministre). Nous avons, dès le début, une piste dans le 16ème Arrondissement, mais c'est une propriété de l'État, avec de grosses démolitions et nous ne parvenons pas à obtenir les plans. Pendant plusieurs mois, on nous propose des terrains de part et d'autre de la banlieue parisienne, et surtout des restes urbains sous la A86, près des lignes RER et sous des lignes à haute tension... : impossible, inadmissible de faire vivre des femmes, des enfants, des familles dans des endroits pareils ! Le seul vrai terrain, à peu près convenable, se trouve à Saint Denis, à l'emplacement d'un camp de Roms, une zone à deux pas de Paris, le "tiers monde" en France, une honte.

Maintenant, il nous faut les autorisations et aussi la certitude du financement ; la aussi, cela se complique, et il apparaît très vite que l'argent a du mal à arriver et que de 5000 logements on passerait à 2500, ce qui est encore beaucoup.

Nous réalisons l'appel d'offres, entreprises et architectes parallèlement, malgré des doutes notamment sur la capacité de l'État et des collectivités à nous approvisionner en conséquence. Pour les terrains, nous stipulons dans le programme que les constructions ne pourraient dépasser : rez-de-chaussée plus trois niveaux, ce qui n'est pas mal, mais quand même un facteur limitant, surtout en ville. Les entreprises nous proposent des solutions techniques très variées et certaines sont bien en avance, notamment les fabricants de modulaires qui nous présentent des projets n'entravant en rien - à mon humble avis - la conception architecturale.

Les solutions avancées par Algéco et Bouyghes sont, bien que très différentes, en avance sur un futur marché de la construction. Les prix sont plutôt raisonnables, assez proches de ce que nous espérions, c'est-à-dire environ 1000 euros HT du m2 pour des bâtiments démontables avec remontage dans les 5 ans dans un autre endroit ; nous avions stipulé dans l'appel d'offres que nous souhaitions une proposition financière pour le démontage dans 5 ans des structures construites. La politique et la construction ne font pas bon ménage ! L'automne 2005 est particulièrement "chaud" avec les émeutes dans les banlieues et notre programme de construction de 5000 logements – réduits à 2500 - passe très largement au second plan...

Les réponses des équipes de maîtrise d'œuvre sont importantes - plus de 130 dossiers - des architectes répondent carrément pour construire les 5000 logements ! Nous retenons un certain nombre d'agences et même des grands noms de l'architecture française visiblement intéressés par le sujet, n'en déplaise à certains...

Mais plus le temps passe et plus les nouvelles sont mauvaises, notamment en ce qui concerne l'aspect financier et l'on ne parle plus que d'une opération expérimentale de quelques centaines de logements : à coup sûr, cela coûtera moins cher !

Fin 2006, après les émeutes dans les banlieues et les grèves sur le "contrat première embauche" auxquelles le gouvernement a dû faire face, rien n'est construit, aucun terrain n'a été alloué à une opération, et les Africains, les pauvres Maliens sont toujours logés dans les hôtels insalubres exploités par des marchands de sommeil.

Quelques années auparavant, j'ai naïvement cru qu'un Ministre du Logement pouvait décider d'un financement comme lors des inondations de la Somme, et là encore je pensais qu'un Premier Ministre pouvait engager de vrais projets parce que c'est lui qui gouverne le pays ! Mais non, ce sont les responsables des ministères, dans l'ombre, qui tirent les ficelles. Ils restent à leurs postes alors que les ministres ne font que passer, annonçant des promesses qu'ils sont incapables de tenir.

Sur cette opération, qui est normalement toujours en cours, le point positif c'est que nous avons maintenant une sérieuse base de données sur différents systèmes de constructions. Le travail effectué avec les entreprises servira dans peu de temps sur d'autres interventions. L'un des objectifs est de réduire le coût de la construction dans les logements de ce type. Cela doit être possible, selon Dominique Alet, car le coût ramené au mètre carré construit dans le bâtiment est le même que pour une voiture comme la C3 à cette différence près que la technologie utilisée pour la C3 est vraiment très supérieure à celle du bâtiment.

Avec la Sonacotra, nous avons mis en place un partenariat intelligent et complémentaire, car eux traitent de l'urgence en France depuis longtemps maintenant et nous avons notre habitude de l'urgence dans le Monde entier. Une remarque de poids : notre solution des constructions en urgence est sûrement la bonne réponse aux situations similaires dans le Monde, c'est-à-dire reconstruire vite et de façon pérenne. Je suis aussi content d'avoir rencontré Jérôme Gerber avec lequel nous avons travaillé et que je compte maintenant parmi mes amis.

Octobre 2006, Pakistan : les oubliés du Cachemire

Je suis à Paris où je dois participer à la Conférence annuelle des syndicats d'architectes de France. Le matin, à 7h00, j'écoute les informations : un tremblement de terre de forte magnitude s'est produit au Pakistan et on compte de nombreux bâtiments effondrés à Islamabad, la capitale. Les premières évaluations font état de plusieurs dizaines de morts, l'épicentre se trouvant à plus de 100 km de la capitale, dans le Cachemire Pakistanais. La magnitude de 7 déjà annoncée caractérise un séisme majeur et la densité de la population - élément déterminant - nous incite à intervenir.

Dans la journée, vers midi, les informations se succèdent, annonçant des centaines, voire des milliers de victimes. À 14h, je lance un appel destiné à trouver des "Architectes avec une solide expérience" pour initier une mission d'évaluation dans les meilleurs délais. Corrélativement, je déplace Jacques Pascal, notre logisticien, de Sigli en Indonésie vers le Pakistan. Thierry Martinez prend la direction des opérations d'évaluation de terrain, accompagné d'un jeune garçon d'une trentaine d'années recruté la veille pour le Sri Lanka, Alexandre Koclejda. Cet Alexandre détient un billet d'avion pour aller travailler en Chine ; cependant, il a précédemment déposé un curriculum vitae à notre siège car notre aventure l'intéresse ; Daniel Molmy le considère comme un jeune ayant « un petit plus ». Je m'entretiens avec lui environ 3 minutes ; aucune hésitation de part et d'autre : il accepte de partir à l'aventure, d'autant qu'il ne connaît pas le Pakistan et que ce pays se situe sur la route de la Chine...

On dégage rapidement une petite enveloppe de 15000 Euros pour lancer les opérations d'évaluation et de relogement d'urgence. Pendant les premiers mois, le financement manque cruellement, car les bailleurs de fonds et la communauté internationale ne se sont vraiment émus que lorsque la neige a commencé à tomber, beaucoup plus tard, en Janvier 2006. Dans un premier temps, notre équipe arpente les villes de Muzzafarabad, Balakot - cette dernière presque rasée - et une zone proche des grands axes. En effet, des secteurs immenses demeurent inaccessibles à cause des glissements de terrains. Rappelons le contexte géographique : Islamabad se situe au pied des contreforts de la partie himalayenne du Pakistan, et Muzzafarabad à peine à une centaine de kilomètres de la Chaîne des Nanga Parbat, un des plus hauts sommets au Monde, un "plus de 8000 m". Contrairement à ce que l'on imagine, la montagne - d'accès d'ailleurs toujours très difficile et parsemée de constructions - comporte des secteurs touchés considérables. Un séisme de 7,2 de magnitude induit des destructions sur une distance de plus de 100 km, en suivant la zone de faille très visible par endroits comme au nord de la ville de Muzzafarabad et passant au milieu de la ville de Balakot. Seul, l'hélicoptère permet d'accéder à des villages coupés du Monde pour joindre les habitants des montagnes vivant parfois dans des conditions plus que précaires. Pendant plusieurs mois, nos équipes participent aux évaluations et fournissent du matériel par hélicoptère du type MI8.

Tout d'abord, nous concentrons les moyens sur un village près de Balakot, dans la montagne, loin des routes de passage des convois humanitaires, où apparaît un réel besoin ; nous y fournissons quelques centaines de tentes permettant de loger temporairement plusieurs centaines de personnes. Mais quelques jours plus tard - les moyens n'arrivant pas - je prends l'avion pour le Pakistan, considérant que la mission s'achèverait rapidement. Je renvoie notre logisticien en Indonésie tandis que Thierry Martinez rentre à son agence à Bagnoles sur Cèze. Avec Alexandre, je me rends compte de la gravité de la situation dans la mesure où une fois achevée l'aide d'urgence - sauvetage des blessés, déblaiement - aucune ouverture sur le financement des opérations de relogement n'est en vue. Autant avec le tsunami l'argent avait afflué, autant ici dans ce Pakistan zone de conflit permanent, dans ce pays réputé comme une des bases du terrorisme international, dans ces zones frontalières avec l'Afghanistan, le constat s'impose : pas de générosité et donc pas d'argent. L'erreur paraît flagrante car ces gens-là méritent vraiment notre aide, sans penser à leur imposer un modèle de démocratie à notre image.

J'essaie généralement d'engager des contacts avec les ambassades de France dans les pays dans lesquels nous intervenons. Le conseiller en charge de l'action humanitaire me reçoit donc avec courtoisie et je l'informe, données chiffrées à l'appui, de l'étendue de notre travail ; ceci lui permettra de rédiger un communiqué vantant la qualité des ONG françaises, en omettant de préciser - mais c'est toujours ainsi en pareil cas - que le Gouvernement n'a pas donné un seul centime ! En conséquence, désormais je me garde bien de présenter une demande de financement à l'Ambassade de France et je sollicite le soutien de bailleurs divers, avec toutefois une efficacité variable...

Le conseiller à l'action humanitaire - très compétent et très efficace - nous demande de rester, à nos frais évidemment, son soutien se justifiant par l'aspect politique des événements liés au Pakistan et la nécessité de créer des liens avec ce pays. En rentrant, avec Alexandre, notre discussion porte sur la nécessité de rester ou non au Pakistan. Problème : j'ai dépensé tous les fonds dont nous disposions et Alexandre, conscient du travail à faire sur place, me demande de rester un peu plus avant de repartir pour le Sri Lanka. Parallèlement, Laurent Heisse, qui devait partir pour 15 jours au Pakistan, a été transféré la veille sur le Sri Lanka, où les vieux expatriés avaient quitté la mission sans crier gare... Laurent pique un coup de gueule, un peu déstabilisé d'avoir à changer le contenu de son sac (affaires d'hiver remplacées par affaires d'été)... Mon gars, c'est ça l'urgence : adaptation, action !

Alexandre me parle alors d'un contact sérieux avec les Nations Unies - l'organisme « UN Habitat » - pour réaliser un guide simple de reconstruction. Je lui dis de foncer et de réaliser ce projet en une semaine. Dans les huit jours, un contrat est signé ; tout de suite, je renvoie Alexandre et notre super stagiaire étudiante en architecture, Manon Gallego, qui constitue avec lui le binôme idéal. Manon travaillait au bureau d'Amiens avec Alice Moreira depuis plusieurs semaines, mais rien ne présageait qu'elle s'adapterait aussi bien à la situation, ce qui n'est vraiment pas facile au Pakistan. Pendant les mois qui suivent, Alexandre - que j'avais embauché dès son premier mois de travail - accomplit avec Manon un excellent travail, comprenant bien la situation et sachant que la reconstruction démarrerait très difficilement. J'avais vu des Sri Lankais compliqués mais les Pakistanais ne sont pas en reste...

L'une des propositions présentées en Octobre 2005 consistait à évaluer globalement les secteurs touchés, tandis que tout le monde prenait les informations communiquées par le Gouvernement comme totalement fiables. À l'époque, nous proposions de réaliser une évaluation précise à partir d'images satellites et de photos aériennes avant et après la catastrophe.

Ensuite, une vérification par cartographie et la mise en place du système d'information géographique devaient fournir des données exactes concernant les destructions et la superficie à reconstruire. Les évaluations effectivement réalisées en hélicoptère par des militaires pakistanais - pas vraiment au fait de ce type de travail - et plus tard par les experts de la Banque Mondiale sur la base de données initiales non actualisées, indiquaient : ici 20 % de destructions, là 40 %, ici 80 %... La confusion régnait manifestement ! En conséquence, dès Octobre, avec diplomatie, nous émettons des réserves sur les chiffres annoncés mais, en attendant l'accréditation officielle, nous restons assez discrets.

Par chance, l'hiver s'installe assez tardivement et la neige n'apparaît qu'en Janvier. Cela laisse un peu de temps pour mettre en place des approvisionnements concernant des abris d'urgence autres que les tentes, celles-ci ne supportant pas le poids de la neige. En partenariat avec UN Habitat, l'agence des Nations Unies spécialisée dans le logement, nous travaillons à la réalisation d'un abri permettant aux sinistrés de passer l'hiver et ensuite de récupérer ces matériaux pour un habitat pérenne. UN-HABITAT approvisionne ainsi pour 1000 "shelters" en tôles d'acier et sacs à remplir en terre qui serviront provisoirement de murs. Cette opération se déroule essentiellement dans la région de Berith, à 20 km au nord de Muzzafarabad. Nous avons également un partenariat avec le WWF puisque un parc national se trouve dans ce secteur ; un pragmatique colosse sud africain, Richard, qui vit au Pakistan, travaille avec nous pour aider les populations de ce secteur. (Richard a énormément participé à la réalisation de l'abri et notamment du prototype). À force de rotations d'hélicoptères, l'approvisionnement se réalise et l'utilisation des matériaux pour la phase d'urgence se termine en quelques semaines.

Parallèlement, nous sommes toujours à la recherche de fonds pour reconstruire des écoles en priorité. Pour éviter des inégalités entre les bénéficiaires, le gouvernement, appuyé par la banque mondiale, a décidé d'indemniser les familles pour qu'elles puissent reconstruire des maisons plus solides. Les ONG n'ont pas été autorisées à participer à la reconstruction. Le gouvernement a uniquement demandé leur appui pour former les habitants à reconstruire parasismique selon les techniques locales améliorées. Une campagne de presse importante mise en place par les médias du Monde entier dès Janvier 2006 produit des effets très positifs.

Des bailleurs comme la Fondation Abbé Pierre, la Fondation Rainbow Bridge et l'Association Patrick Bourrat veulent, pour que l'école continue, participer à la reconstruction sur des programmes d'écoles pour filles. Cependant, le contrôle sur toutes les ONG étrangères - protocoles, phases de validation plus ou moins pertinentes - mis en place par les autorités pakistanaises ne nous permet pas de travailler à notre guise...

Le bilan du tremblement de terre s'avère lourd : 70 000 victimes décédées, pour la plupart dans les secondes ou les minutes qui ont suivi la secousse principale. Les autorités ont pris soin d'essayer de contrôler la reconstruction en finançant en fonction du degré de démolition, famille par famille. L'évaluation faite dans les premiers jours d'Octobre est devenue complètement obsolète dans les mois qui ont suivi, et surtout très incohérente. Avec « UN Habitat » et notamment l'influence importante de son représentant sur place, Jean-Christophe Adrian, nous proposons au Gouvernement, via la structure de gestion de la reconstruction, ERRA (Earthquake Reconstruction and Rehabilitation Authorities), de procéder à une évaluation complète fondée sur les déplacements dans les villages et en ville, pour constater de visu les destructions, établir une cartographie sur la base d'images satellites avec un traitement informatique nous permettant de sortir des données chiffrées incontestables. Les villes importantes sont traitées suivant ce principe, mais pas les villages, car nous n'avons pas les moyens humains et techniques nécessaires.

La solution retenue consiste à envoyer les militaires ayant une formation technique, ingénieurs ou techniciens en tous genres, venus de tout le Pakistan. Ils évaluent alors sur le terrain avec le code couleurs et de plus indiquent maison par maison la nécessité ou non d'une aide aux personnes, impliquant tout le volet social. Nous prenons donc en charge la formation de 357 militaires et 190 civils travaillant pour PPAF (Pakistan poverty alleviation funds) dans 5 centres différents (directement dans leur caserne) et pour cela nous mettons sur le terrain une dizaine d'expatriés. Il nous a été malheureusement très difficile de recruter du personnel local du fait de l'insécurité de la région, les secteurs touchés par la catastrophe se situant en pleine zone de conflit. Par contre, à Islamabad nous trouvons des professionnels de formation plus ou moins bonne, d'un niveau de compétence très disparate, mais nous avons pour habitude de prendre les ingénieurs et architectes locaux avec leurs compétences - quelles qu'elles soient – et nous essayons de « faire avec » et de les former au mieux pour qu'ils deviennent opérationnels ensuite.

Nous assurons là un gros travail de formation comportant une partie théorique importante et également une formation de terrain, sur site, permettant de mettre en pratique les grands principes : mise en place des codes couleurs (par voie de conséquence, la mise en sécurité des populations), utilisation des GPS (global position system) pour la localisation exacte des constructions et aussi une partie technique sur les renforts parasismiques. Fin Mai 2006, soit plus de 7 mois après la catastrophe, la partie formation est achevée et l'évaluation peut être faite par les militaires pour la partie rurale, la partie urbaine nous étant réservée ; nous l'achevons fin Juin 2006.

Plus d'un an après cette catastrophe, en ce qui concerne la « mise en sécurité » du secteur urbain, rien n'a vraiment été réalisé et nous devons informer beaucoup sur ce point, car personne actuellement au niveau international n'est capable de le faire. En partenariat avec deux agences des Nations Unies - « UN Habitat » et « UNOSAT » - nous travaillons actuellement à un programme nous permettant de sortir des évaluations de terrain incontestables dans les jours et les semaines suivant une catastrophe. Cet objectif commun - donner une information fiable émanant de professionnels du traitement de ce type de catastrophe - s'avère capital pour ne pas perdre de temps, d'énergie et surtout d'argent à cause d'évaluations erronées générant des programmes inadaptés à la réalité de terrain.

C'est alors que le contenu de la « feuille d'analyse terrain » conduit à un début de conflit avec ERRA, représentant le Gouvernement. Les experts de la Banque Mondiale - ayant, semble-t-il, procédé aux évaluations par hélicoptère - imposent de remplir des formulaires demandant des précisions inutiles telles que la longueur des fissures de plus de 3 mm de largeur... En 2001, lorsque nous avons initialisé le procédé, nous utilisions des imprimés comportant jusqu'à quatre pages à remplir par maison. Trois mois plus tard, notre imprimé ne comportait plus qu'une seule page... contenant trop d'informations pour une véritable efficacité ! On voit bien la nécessité de concilier information et action.

Aujourd'hui, la reconstruction n'a pas encore démarré et - à notre grand regret - nous préparons encore des interventions d'urgence pour l'hiver 2006-2007 : la lenteur de l'administration, les validations nécessaires, le contrôle permanent et la difficulté de trouver des fonds rendent cette reconstruction particulièrement lente. Nous travaillons sur un programme de création d'une école dans un site à près de 2000 m d'altitude, sans accès possible durant la mousson d'été en raison des glissements de terrains ; de plus, l'hiver la neige et le froid rendent les opérations de construction très difficiles. Nous espérons livrer deux écoles - dont une de 11 salles de classe - en Juin 2007, juste avant la mousson.

En Octobre 2005, je n'aurais pas parié un dollar sur nos chances d'efficacité au Pakistan en matière de reconstruction. Or, un an plus tard, en travaillant dans le calme et la sérénité, Alexandre a réussi la mise en place d'un réel partenariat local ; il a beaucoup appris et retenu et je me suis efforcé de l'épauler de mon mieux au moment des décisions importantes. Nous réussissons, avec des jeunes trentenaires, à réaliser un travail de professionnels de l'humanitaire dans des conditions pas toujours faciles : Alexandre, un grand merci pour ton engagement !

Septième partie

Le travail d'équipe

Juin 2006 : tremblement de terre au pied du Mérapi à Java

En ce début du mois de Juin se déroule notre assemblée générale ordinaire qui, exceptionnellement, se tient à La Rochelle ; généralement, cette « grand messe » n'attire guère de monde et nous concentrons nos efforts de communication externe sur les conférences internationales que nous organisons chaque année très souvent à Paris, au siège de l'Unesco.

C'est ce jour-là, précisément, que je reçois vers trois heures du matin, par SMS, un message d'alerte rouge signalant un séisme en Indonésie. Convaincu que l'équipe en place est prévenue en même temps que moi, j'attends donc le lever du jour pour obtenir les premières informations. Toute la matinée, j'essaie d'entrer en contact avec l'équipe de Sigli : pas de réponse ! Visiblement, tout le monde prend son week-end... La fureur me gagne car, à l'évidence, le référencement que je demande avec insistance n'est pas respecté.

Vers 14 heures - heure de Paris - je contacte enfin le responsable de la mission ; il vient d'apprendre le tremblement de terre de Java et sa localisation : près de Yogakarta, au pied du Mérapi, un volcan en éruption depuis quelques jours. Avec le décalage horaire, nous venons de perdre 24 heures alors que nous sommes à 3 heures d'avion du lieu de la catastrophe ! Je l'envoie tout de suite faire une évaluation avec notre ingénieur indonésien, Nofan, qui pour la première fois se rend sur les lieux d'une catastrophe. Notons à ce propos que, plus tard, lorsque j'ai revu Nofan, nous avons parlé des renforcements parasismiques ; alors que précédemment, il trouvait que l'on construisait trop solide, son avis avait changé, car la réalité de la violence d'un séisme met tout le monde d'accord : il faut faire solide, et le renforcement parasismique prend tout son sens après une catastrophe...

Nous mettons donc en place une distribution de bâches plastiques permettant aux sinistrés de dormir à l'abri, de se protéger des intempéries. Nous approvisionnons plusieurs secteurs avec des tentes familiales de dimensions importantes - 25 m - permettant de garder le lien familial.

Dans les semaines suivantes, un peu comme au Pakistan, les fonds commencent à manquer. Malgré cela, dans la première phase d'urgence, notre objectif consiste à installer des bâches et des tentes et en aucun cas de l'abri en dur communément appelé « Shelter ». Je recrute un jeune architecte de 28 ans, Romain Gagnot, fort d'une expérience de deux ans au Laos. En quelques jours, il s'adapte parfaitement et je lui laisse la responsabilité de la mission au bout de quelques semaines. Ensuite, je renforce l'équipe avec un Australien avec lequel la collaboration manque d'efficacité et enfin avec Alexis Cartigny, jeune diplômé de 24 ans.

Je donne les consignes suivantes : pas de shelters, on reconstruit en urgence c'est-à-dire rapidement mais en durable, en « dur ». La phase d'urgence passée, la priorité revient à l'étude typologique permettant de concevoir une maison selon les standards UN, en tenant compte des typologies d'habitats locaux. Ce travail, relativement long, doit être réalisé avec soin ; en outre, son efficacité dépend de l'acceptation par les populations concernées. Nous choisissons dès la fin Juin le village de Dukoun, près d'Imogeri, où plus de 240 maisons sont complètement détruites. Le lieu est assez agréable ; on imagine bien ce que devait être la vie avant le séisme, au bord de la rivière, dans la cocoteraie : une grande douceur... Hélas, ce village est sinistré à 90 % !

À Java, les autorités prennent la mesure de la reconstruction d'une façon totalement différente de celle de Sumatra, plus exactement de la Province d'Aceh, au nord de l'île. Autant, en Aceh nous sommes relativement libres d'intervenir, autant à Java le Gouvernement verse dans les effets d'annonces - on connaît bien cela en France... - sur un financement direct aux sinistrés. Il promet, par famille près de 2000 US $, une somme très importante pour la population, mais de toute façon pas suffisante pour reconstruire une maison parasismique. Or, notre objectif à nous architectes de l'urgence demeure inchangé : malgré les fonds importants distribués aux ONG généralistes pour réaliser de l'habitat temporaire en bambous, en tôles ondulées ou avec toute autre technique, nous restons sur le choix de la reconstruction en « dur », c'est-à-dire pérenne bien que réalisée dans l'urgence.

À propos des « shelters », précisons que, avant le sinistre, ces gens - malgré leur pauvreté - vivaient dans des petites maisons, certes pas forcément bien construites, mais des maisons et pas dans des cabanes en bambous ou des cases faites en tôles, inhabitables compte tenu de la chaleur régnant dans ce pays. Cette mauvaise appréhension des besoins réels - et aussi le fait de vouloir imposer aux sinistrés un standard d'habitat même temporaire - constitue en outre une erreur du point de vue humain. C'est ainsi que, près d'une grande ville, on propose comme solution temporaire d'installer des WC alors que les gens ont besoin d'eau... et des cabanes de bidonville alors qu'ils veulent une aide pour reconstruire une vraie maison ! Je m'oppose farouchement à l'idée que l'on puisse faire vivre des gens dans un logement que moi je refuserais d'occuper ! Cela dit, admettons que les bailleurs internationaux disposent de lignes budgétaires ouvertes pour réaliser un certain nombre de typologies d'habitats, notamment du « shelter » et que par conséquent les ONG doivent s'adapter aux financements des bailleurs...

Romain et Alexis, pendant une longue période, ont travaillé sur de l'habitat pérenne tenant compte des réels besoins : ce n'est pas facile de travailler à contre-courant ! De ce fait, aucun financement ne provenait de la Communauté Européenne, puisque nos programmes ne correspondaient pas aux lignes budgétaires ; de plus, tout ou presque était déjà dépensé dans le « shelter ». Une fois encore, la Fondation Abbé Pierre, l'Ordre des Architectes et d'autres sources de financements nous ont permis de concevoir un prototype expérimental sur la base d'une enquête auprès des bénéficiaires, d'où découlent les typologies d'habitats à réaliser. Les plans de la construction projetée varient en fonction de la dimension du terrain et de ses accès, des bénéficiaires et évidemment du prix de la construction. Compte tenu des faibles fonds dont nous disposons pour démarrer cette opération, la reconstruction en système « cash for work » (argent contre travail) s'avère la seule solution vraiment efficace dans la mesure où notre objectif consiste à reloger le plus de monde possible. Dans le même esprit, les démolitions consécutives au tremblement de terre dégagent des quantités importantes de matériaux réutilisables. En fait, la très mauvaise qualité du liant entre les briques génère l'effondrement très rapide des structures non renforcées et permet de laisser, une fois un peu nettoyées, les briques souvent réutilisables. Il en va de même pour un certain nombre de menuiseries extérieures, pour partie réutilisables et de qualité très bonne parfois en termes de construction et aussi en qualité de nomenclature.

Notre programme, pris en charge avec acharnement par nos deux compères Romain et Alexis, démarre avec la mise en chantier d'une quarantaine de maisons. À terme, un programme plus ambitieux, pouvant aller jusqu'à 500 maisons à reconstruire, paraît envisageable ; dans ce but, nous recherchons toujours les financeurs, mais les perspectives s'annoncent plutôt bonnes.

Nous avons cependant « manqué » les évaluations, car - à l'inverse des ONG intervenant ponctuellement - nous n'avons pas proposé d'évaluation globale sur l'ensemble du secteur en tenant compte des fonds disponibles et non en fonction des besoins répertoriés. Le poste « wat san » ("water and sanitation" : l'eau et l'assainissement) constitue l'une des lignes budgétaires de financement les plus courantes ; par conséquent, toutes les demandes présentées en prévoient, surtout des WC. À telle enseigne qu'un de nos programmes, toujours en cours, comporte des WC implantés en plein milieu d'une route, au cœur d'un ensemble en construction ! Autre exemple, sur un autre programme : des WC prévus par paquets de quatre, sur la plage, en quelque sorte du WC « avec vue sur la mer »... D'évidence, cela manque parfois un peu de cohérence : que l'on se préoccupe du problème majeur de l'accès à l'eau potable relève du bon sens, mais de là à prévoir des WC un peu partout parce que les budgets existent...

Depuis plus d'un an, j'étudie avec attention les problèmes liés au Tiers Monde et plus particulièrement les problèmes liés à l'eau. Comme déjà évoqué précédemment - au Bangladesh par exemple - l'enjeu majeur que représente la qualité de l'eau constitue un combat de santé publique évident. Nous devons, dans nos programmes, organiser des systèmes de récupération d'eau et de traitement, notamment dans les zones humides où nous intervenons. Nous avons réalisé une étude sommaire sur tous les moyens de produire de l'eau consommable après avoir été bouillie et nous avons dénombré - c'est impressionnant - près d'une vingtaine de procédés ! Combien, de fait, en utilisons-nous dans le Monde ? En réalité très peu... Souvent, il s'agit des procédés les plus coûteux de sorte qu'actuellement l'eau constitue un produit de luxe alors qu'elle est essentielle à la vie.

Les "intellectuels du développement durable", construisant en béton H.Q.E. (haute qualité environnementale), devraient prendre un peu de recul et penser aux énergies fossiles consommées... en construisant HQE ! On voit qu'il reste une grande marge de progrès dans ce domaine et que - tous - nous devons nous mettre vraiment au travail...

Juillet 2006 : la douceur de la grande île de Madagascar

Prendre le temps d'écrire ces lignes pour relater au mieux mes souvenirs imprégnés de notre histoire commune - nous les architectes de l'urgence - m'a « pompé » beaucoup d'énergie ! En outre, la nécessaire disposition d'esprit très particulière pour s'atteler à cette besogne complique encore les choses. Toutefois, à de nombreuses reprises, ayant tenté de coucher sur le papier des instantanés d'émotion, de doute aussi, mais si souvent de partage, j'ai pris conscience de l'œuvre réalisée en commun...Un déplacement sur l'île de Madagascar, la grande île rouge que je connais bien, m'a permis de me « poser » tranquillement ; j'ai ainsi essayé d'écrire avec un maximum de spontanéité tout mon vécu durant ces années : je raconte donc ma version de notre histoire commune.

Je suis venu pour la première fois à Madagascar en 1995, incité par mon vieux copain Charles Thémistocle, Malgache vivant en France avec lequel j'ai étudié à Paris. Charles - c'est le sort commun à beaucoup de personnes de différentes « diasporas » - a quitté Madagascar, avec sa famille, dans les années difficiles. En France, il a su s'intégrer, travailler et être reconnu professionnellement ; malgré tout, il vit toujours avec la souffrance de ne plus être si proche de ce pays qu'il aime tant. Mon premier voyage s'avère particulièrement difficile, constatant notre impuissance devant la fatalité du quotidien de ces gens, découvrant un pays abandonné, un État inexistant, un peuple laissé à l'abandon, les enfants élevés sur les monceaux d'ordures et abandonnés de tous.... C'est peut-être à Madagascar que me viennent l'énergie et la conviction me poussant vers la démarche humanitaire, avec cette volonté de ne pas « laisser crever comme des chiens » ces gosses en guenilles tellement émouvants : moi le « blanc », en partie d'ascendance étrangère j'essaierai, comme tout un chacun le devrait, d'agir pour changer cela !

Je découvre ce pays magnifique, incroyable de diversité et de beauté, n'ayant tout simplement besoin que d'un grand projet commun autre que de brûler... Cette malencontreuse habitude des Malgaches - une grande partie de la forêt endémique ayant été détruite très récemment - constitue une catastrophe écologique majeure pour l'île et pour la biodiversité de la planète. Ce premier voyage s'effectue dans la difficulté, car j'y subis une forte crise de paludisme qui me cloue au lit pendant plusieurs jours et me fait perdre ainsi sept kilos (cela ne constitue cependant pas l'aspect le plus négatif...). Je décide tout de même que je retournerai un jour à Madagascar et en effet l'opportunité s'est présentée de m'y rendre à de nombreuses reprises par la suite.

En 2004, lorsque le cyclone de Gafilo frappe la grande île, le Gouvernement malgache nous mandate par l'intermédiaire du Centre National des Secours Malgaches, pour évaluer les besoins et analyser des systèmes constructifs au comportement efficace lors du passage du cyclone. À cette occasion, avec Yves Justin et Nicolas Peyrebonne, nous réalisons un travail important d'analyse typologique des différentes constructions dans l'île. Nous préconisons notamment un certain nombre de dispositions en termes d'urbanisme, afin de faciliter la réduction des risques pour les populations les plus touchées par ce type de catastrophe. Jean Rakotomalana, Directeur du Centre National des Secours Malgaches, nous dirige alors et nous aide généreusement, fournissant notamment toute la logistique des déplacements nécessaires pour atteindre une efficacité de terrain optimale. Par chance, j'effectue à ce moment plusieurs déplacements en hélicoptère pour visiter des secteurs complètement inaccessibles, sauf à y passer des semaines en utilisant les transports locaux. Le constat édifiant de destruction récente de la forêt malgache apparaît très clairement, de même que l'extraordinaire paysage méconnu, d'une beauté incroyable, que recèle cette île. Cela renforce ma conviction d'aider ces gens, ce peuple si doux à l'immense richesse culturelle.

Sur la proposition d'Alain Retière, directeur d'UNOSAT, nous envisageons de travailler à partir de l'imagerie satellite afin de traiter la cartographie des villes en développement, dans des secteurs précis dignes d'intérêt. Dans ce but, avec UNOSAT nous mettons en place un programme se référant à l'Océan Indien et à trois pays en difficulté nécessitant une approche urbaine intégrant la réduction des risques : l'île de Sumatra en Indonésie, le Sri Lanka et Madagascar. Sur chacune de ces îles, le programme traitera une ville significative, en bord de mer, pas trop importante, de 200 000 habitants au plus.

Sur l'île de Madagascar, nous choisissons Diego Suarez, (Antsiranana en malgache) au nord de l'île. Cette ville nous paraît présenter des caractéristiques constituant des atouts pour travailler efficacement : enclavement du fait de sa distance importante de la capitale (Antananarivo), développement actuel important et lien direct avec l'île de la Réunion. Le Maire de cette ville, Roland Sylvain, élu depuis deux ans, très actif, souhaite ardemment que l'agglomération se développe intelligemment, qu'on mette en place un cadastre et qu'un vrai projet de ville puisse s'inscrire dans la continuité. Il convient de bien maîtriser son site exceptionnel, sa baie en eau profonde, ses extraordinaires paysages et ses plages. Sur ce programme à Madagascar, Étienne Charrita - de la Réunion - propose immédiatement sa collaboration ; ensemble, je pense que nous réaliserons à terme un bon travail sur cette ville.

À Mahajunga, ville de 200 000 habitants de la côte Ouest de Madagascar, je prends mon temps, ne quittant l'hôtel que pour me nourrir et parler avec les nombreux amis là-bas. Jean-Louis Thémistocle, grand cuisinier québécois spécialisé dans la gastronomie exotique, éminent adepte de la cuisine aux insectes, s'occupe de me détendre en me faisant découvrir les subtilités de la nourriture malgache. Il vient d'arriver quelques semaines plus tôt à Madagascar, après avoir passé plus de 35 années à Montréal où il est devenu quelqu'un d'important. Après le décès de Lucie, son épouse, il décide de faire de l'humanitaire gastronomique ! Il crée alors « Cuisiner sans Frontières » dont l'objectif consiste à former des gens de la rue - dormant sous des cartons parfois - à une façon simple de faire la cuisine. En apprenant un métier, ils peuvent ainsi régler une partie des problèmes sanitaires liés à la nourriture, traiter les déchets, s'inscrire complètement dans une logique de développement durable : un programme énorme et ambitieux que je soutiens pleinement ! Débordant d'idées, de générosité, de drôlerie et pitreries en tous genres, et aussi de tendresse, Jean-Louis – "Thémis" de son nom de spectacle - ne pense qu'à de grands projets humanistes et solidaires pour ce pays qu'il a quitté depuis si longtemps. Avec lui et Clément Colo, son cousin hôtelier restaurateur, Mimi sa fille, Domingo, Michoux... j'ai eu le loisir de rire, entendre, écouter, apprécier la douceur des Malgaches et leur côté toujours « moura, moura » (doucement, doucement) si légendaire... Au cours de repas pris dans une ambiance festive, Jean-Louis nous chante ses chansons culinaires, en présence du Consul de France, représentant tout à fait charmant de la communauté française. Ce sont là des grands moments de rigolade débridée et, tout simplement, de vie : merci à tous pour ces instants d'une rare qualité...

Eté 2006, Liban : la guerre d'intox

De retour d'un repas dominical convivial pris en compagnie de Jean-Louis Thémis, Clément Colo et toute sa petite famille - dans un hôtel-restaurant ouvert spécialement pour nous sur la grande plage de Mahajanga - j'écoute Radio France International. Coupé du Monde depuis plusieurs jours, je prends alors vraiment connaissance du conflit entre Israël et le Liban. C'est une région que je connais peu, mais qui m'intéresse beaucoup. L'histoire des peuples m'attire toujours, particulièrement lorsqu'il s'agit du berceau de l'humanité, là où les religions se croisent et s'entrechoquent : l'intérêt de ma présence sur les lieux des événements se justifie donc pleinement.

Le 19 Juillet, nous décidons le prépositionnement humanitaire afin de réagir dès l'afflux prévisible de réfugiés, dans un futur proche. Je déplace vers Beyrouth Alexandre depuis le Pakistan et un jeune ingénieur assistant depuis notre siège. Dominique Alet prend la direction de la mission. Contrairement à la population civile - composée en grande partie de la diaspora alors en vacances au Liban - qui prend la fuite, nous envoyons du personnel empruntant la route en sens inverse.

Pour pallier la fermeture de l'Aéroport de Beyrouth, l'impossibilité d'emprunter des routes en partie coupées (seul le ferry venant de Chypre permet les rotations d'évacuation), nous travaillons à des solutions d'hébergement temporaire dans des écoles ou des entrepôts pouvant être aménagés pour accueillir les réfugiés, particulièrement les personnes affluant du Sud du Liban. L'histoire récente du Liban et des camps palestiniens représente un cauchemar que les Libanais ne veulent pas revivre. Immédiatement, on écarte l'hypothèse de la création de camps de tentes, les Libanais très débrouillards gèrent les événements de façon tout à fait efficace en se logeant dans leur famille, chez des amis, etc. Côté Israélien, certaines villes du Nord ont subi des destructions également, dans des proportions cependant très différentes des villages du sud Liban. Je regrette vraiment, par manque d'effectif, de ne pas avoir pu mettre en place avec les Israéliens une action identique à celle réalisée avec les Libanais, et travailler ainsi des deux côtés de la frontière. J'ai beaucoup dialogué avec mon ami Isaac Lipo, Président de l'Association des Architectes Israéliens - navigateur pendant ses loisirs - désolé comme moi de ce qui se passait ; nous nous sommes promis de collaborer à la première occasion.

Presque aucune proposition de personnes voulant aller au Liban ne nous parvient pendant le mois qu'a duré le conflit,. Seuls, juste après, des Libanais se manifestent mais au vu du contexte politique du pays, je préfère dans un premier temps ne pas prendre de risque. J'appelle donc Manon Galégo, étudiante en vacances, trop contente de lâcher son emploi saisonnier ennuyeux de caissière dans une supérette pour vacanciers en Ardèche ; elle arrive ainsi mi-Août à Beyrouth.

Sur le plan politique, le Hezbollah - parti politique composé de musulmans chiites - et son charismatique chef Hassan Nazrallah mettent en œuvre une stratégie de communication impressionnante. L'enlèvement de soldats israéliens par un groupe Hezbollah déclenche une riposte disproportionnée d'Israël. Cependant, les autres composantes politiques, donc religieuses, considèrent qu'il suffit de rendre les soldats israéliens pour arrêter tout cela. Les chrétiens maronites, les orthodoxes, les druzes, et même les sunnites n'apprécient guère les bombardements provoqués par les humeurs de « Monsieur » Hassan Nazrallah... Dans un premier temps, le fait que les Israéliens pénètrent au Liban a pour conséquence la réalisation de l'unité nationale contre Israël et les États-Unis, et l'objectif du Hezbollah visant à la récupération de territoires tels que les fermes de Chébah constitue globalement un argument commun aux Libanais. Après ce mois de conflit, la donne change un peu dans la mesure où le Hezbollah, à grand renfort de communication, devient presque plus fort que l'État libanais. Sans vouloir entrer dans le détail, rappelons que pour les chiites, le rétablissement de la paix dans la région passe obligatoirement par le règlement du problème palestinien au Liban. En outre, avec Israël, les fermes de Chébah et le Plateau du Golan constituent des points de fort désaccord, sans parler de la reconnaissance de l'État d'Israël, territoire encore mentionné aujourd'hui sur les cartes libanaises sous l'appellation de Palestine... Il ne paraît pas possible qu'à terme la situation politique se stabilise sur les bases actuelles : le Hezbollah va nécessairement demander plus de représentation au niveau de l'exécutif en s'opposant ainsi aux autres communautés.

Le Gouvernement français nous confie alors la mission de positionner plus de 400 tentes de grandes dimensions, envoyées grâce à l'affrètement spécial d'un navire par l'opération « un cargo pour le Liban ». Comme indiqué précédemment, « mettre des gens dans les tentes » pose problème ; mais par contre, ce choix comme structure d'accueil communautaire ou de distribution temporaire s'avère tout à fait adapté.

Avec Dominique Alet, je me rends à Beyrouth dès la fin du conflit, juste après mon retour du Sri Lanka, suite aux événements de début Août. Ali, un ami de plus de 20 ans, nous accueille. Nous disposons avec lui d'un guide de grande qualité, capable de nous emmener dans les secteurs non contrôlés de Beyrouth Sud, en plein fief des Hezbollah ! Ali - personnage tout à fait charmant - se passionne pour son pays et la politique complexe de celui-ci. J'insiste immédiatement pour visiter Beyrouth Sud et également les parties Sud du Liban touchées par le conflit. Les chiffres annoncés par Le Hezbollah indiquent des dégâts importants, plus de 150 000 destructions rien qu'à Beyrouth, et des quartiers entiers complètement sinistrés.

Comme d'habitude, je demande à voir ces destructions, mais nous nous faisons « promener » pendant deux jours, dans l'attente de la sonnerie du téléphone, pour pouvoir enfin nous rendre dans les secteurs contrôlés, inaccessibles sans guide... En milieu d'après-midi, vers 16h, le téléphone sonne enfin, et on nous donne rendez-vous à 18h30. Cela ne me convient guère car j'ai prévu de faire des photos... Mais, comme de bons soldats aux ordres, nous arrivons à 18h30 précises au lieu indiqué où l'on nous attend. À pieds, escortés par des hommes en civil, nous nous dirigeons vers des secteurs plus ou moins touchés. Plus nous avançons, plus les destructions paraissent importantes : lorsque l'on entend les techniciens évoquer des frappes chirurgicales, cela fait froid dans le dos... Les Israéliens ont détruit les ponts et les routes en des endroits névralgiques et les dommages collatéraux sur les populations civiles s'avèrent incontestables ; par contre, leur responsabilité quant à la destruction des immeubles ne semble pas établie. Au bout de quelques centaines de mètres, nous croisons des journalistes de télévision - des professionnels apparemment sérieux - et en descendant plus loin un attroupement d'une petite centaine de personnes, dont des cameramen de télévision et des photographes. Des gens visiblement contents de voir du monde distribuent des posters et vendent des portes-clés à la gloire de Hassan Narallah ; comme tout un chacun, j'accepte. Nos guides nous informent à ce moment que l'on attend d'une minute à l'autre la visite de Kofi Annan, Secrétaire Général des Nations Unies. Des hommes en noir commencent à s'agiter de tous côtés, une dizaine de gros 4x4 aux vitres teintées arrivent et tous ces gens paisibles, parfois souriants, se mettent alors à scander des slogans à la gloire du Hezbollah, en agitant des posters comme celui que j'avais en main ! Discrètement, je me glisse derrière les caméras et les photographes... Le « petit cinéma » dure environ 5 minutes et les services de sécurité du Secrétaire des Nations Unies semblent largement dépassés par la manifestation. En quelques minutes, s'exprime ainsi devant nous le mécontentement des sympathisants du Hezbollah : nous prenons soudain conscience, médusés, d'avoir été instrumentalisés et totalement manipulés ! De retour à notre appartement chez notre ami Ali, nous réalisons que Kofi Annan - fortement chahuté par une foule Hezbollah en délire - génère une franche hostilité ! Bravo aux services de communication Hezbollah qui sidèrent par la capacité des Libanais à manipuler l'opinion : c'est très fort... D'ailleurs, dans Beyrouth entre l'aéroport et le centre-ville, les panneaux publicitaires à la gloire de la victoire divine du Hezbollah, des grandes effigies à la gloire de Nasrallah, un délire de communication partout et même aux ruines de Balbeck des tee-shirts Hezbollah à vendre, tout cela montre le poids de la propagande...

Le lendemain, nous suivons notre guide dans Sabra jusqu'au QG des experts Hezbollah chargés de l'évaluation des maisons détruites ; nous entrons dans une vraie ruche où bourdonnent des dizaines d'hommes s'activant dans tous les sens. Le responsable nous accueille très aimablement et nous propose de nous escorter, la route n'étant pas sûre ! Nous acceptons - évidemment... - le sud du Liban à ce moment est encore désert, les Israéliens ayant arrêté leurs frappes, mais ne s'étant pas complètement retirés. Sur la route nous menant vers le sud, les infrastructures telles que ponts et carrefours sont systématiquement endommagées de même que les stations essence (Constatant la destruction d'une station TOTAL, Dominique ne peut s'empêcher de remarquer : « Tiens, cette fois, on ne pourra pas incriminer TOTAL ! », ce qui nous détend un peu dans ce contexte difficile...)

Au fur et à mesure que nous avançons, les changements ne semblent pas flagrants. Nous passons la rivière Litanie, un cours d'eau presque à sec et là, dans les montagnes, nous voyons les premières destructions, pas aussi importantes que celles annoncées. Autre surprise : pas de contrôle par les miliciens Hezbollah, pas de circulation, presque personne. Nous arrivons, comme par enchantement, dans un village proche de la frontière sud, où quelques maisons sont touchées. Par hasard, une réunion de tous les maires des villages chiites du sud Liban touchés s'y déroule et on nous y invite cordialement. Cependant, Dominique se fâche car nous ne pouvons nous rendre où nous le souhaitons, c'est à dire là où se situent les destructions importantes justifiant notre intervention alors qu'ici rien de très grave, quelques dizaines de maisons détruites, au plus. La veille déjà, on nous avait initialement annoncé que Beyrouth sud était détruite, ce qui était pure intoxication et on ne voulait pas subir de nouveaux mensonges. On décide donc de prendre la carte et d'aller là où cela nous semble opportun. Cela dure toute la journée, mais ensuite il faudra plusieurs jours pour tout voir, ou presque.

La reconstruction des habitations détruites constitue la chasse gardée du Hezbollah, pas question pour nous d'y toucher d'autant que nous ne disposons pas de fonds pour cela. Notre objectif consiste dans un premier temps à mettre en place des tentes, et ultérieurement à fournir l'eau dans plusieurs villages près de la frontière. En effet, les bombardements ont endommagé des châteaux d'eau et aussi des réservoirs - généralement posés sur les toits - fabriqués en acier ou en plastique et donc très abîmés par les éclats des projectiles des deux camps. Notre programme, au total, comprend la reconstruction de deux châteaux d'eau et la fourniture et la pose de 1000 réservoirs d'une capacité de 1000 à 2000 litres chacun.

Nous souhaitons également mettre en œuvre dès que possible un programme concernant des écoles pour éviter qu'elles ne tombent aux mains d'intégristes religieux...

Les Amériques : USA/Mexique

Si un continent m'a vraiment fait fantasmer, c'est bien celui-là ! Comme pour beaucoup de mes contemporains, le rêve américain a bercé mon enfance : films, musique, etc. En outre, les grands espaces ont suscité chez moi un réel besoin de découverte de ce continent gigantesque.

J'ai souvent rêvé de me rendre à New York : ce pays et cette ville, je les connaissais presque avant d'y être allé... Pour pimenter davantage encore le voyage, c'est en bateau, à la voile et en course que j'ai pu - pour la première fois - aller en Amérique... J'ai profité de la Transat en double anglaise (la "Twostar" qui part de Plymouth en Angleterre pour rallier Plymouth), en Juin 1990, pour atterrir sur le nouveau continent. J'aurais pu prendre l'avion, mais je n'avais ni l'argent ni l'envie : à la voile, comme au temps jadis des voiliers pionniers des traversées transatlantiques, c'est quand même beaucoup plus "fun". Avec Pierre Antoine - mon coéquipier - nous avons mis 23 jours, naviguant "au près"[1] constamment pour rallier Newport dans l'État de Rhodes Island où nous sommes arrivés fin Juin 1990, en pleine nuit ! Certes, nous aurions préféré arriver de jour ; mais en mer on sait quand on part, mais jamais quand on arrive !

Je découvre alors ce pays incroyable, grand et riche, qui m'avait tant attiré... New York et les États du Nord Est constituent une véritable surprise. Durant le convoyage de retour du navire, avec Daniel Molmy, après 18 jours de mer, nous heurtons une épave à 400 miles nautiques à l'Ouest de La Rochelle, alors que l'arrivée nous paraît si proche... L'équipage d'un cargo mexicain - venant du Havre - en nous secourant et en nous récupérant, nous sauve la vie ! Nous passons une semaine à bord de ce navire, le Tabasco, où nous bénéficions du traitement de faveur réservé aux survivants. C'est alors que je découvre des gens d'un autre grand pays du continent américain : les Mexicains.

Le cargo nous laisse à Miami, où je débarque sans passeport. Je découvre ainsi - un peu "groggy" par 27 jours de mer - un autre État des États-Unis : la Floride. C'est donc sans préparation et sans

---
[1] Allure de navigation à la voile ; remonté au vent.

"a priori" que je fais connaissance avec les Américains et les Mexicains, plutôt surpris par ce continent immense et fascinant à la fois.

À plusieurs reprises par la suite, je suis retourné dans ces deux pays, en avion cette fois. En outre, je suis allé une fois au Canada, pour un séjour "éclair" de... 10 minutes, à cause d'un problème de visa : escale un peu trop brève pour visiter un pays aussi énorme !

En mai 2004, au Conseil de l'Union Internationale des Architectes, à Villahermossa, capitale de l'État de Tabasco (nom du bateau mexicain qui m'avait récupéré), je rencontre beaucoup de Mexicains et quelques Américains auxquels j'expose les caractéristiques de l'organisation que je représente ; globalement, l'accueil est favorable ; mais ils ne savent pas comment maîtriser une machinerie comme la nôtre, car ce n'est pas une logique habituelle pour eux.

Fin 2004, à la Guadeloupe, au Congrès Panaméricain des Architectes, je rencontre Fransciso Cabaral de la Cruz. Architecte Mexicain, passionné par les relations internationales, important acteur des liens établis aujourd'hui avec le Mexique, Francisco est aussi un formidable hôte qui me fait découvrir la Ville de Mexico et le Mexique en me présentant les êtres et les choses. À cette occasion, je fais une conférence au Collegio de los Arquitectos de la Ciudad de Mexico (fin 2005) ainsi qu'à Xalappa, lors de la Convention des Collegios avec Andrea Nield (fin 2006). Sous l'impulsion de Pépé Riachi, Président de la Federation de los Collegios d'Arquitectos de Mexico, maintenant nous disposons d'un noyau de personnes motivées qu'il va nous falloir mettre en action dans les prochaines crises, au Mexique, ou sur le continent Américain : défi intéressant !

La vraie efficacité passe par une organisation optimisée des hommes et l'exemple du cyclone Katerina nous a démontré qu'en pareil cas, même la Nation la plus développée au Monde pouvait être dépassée par les événements. Il en résulte, notamment, qu'il faut intégrer les décalages horaires et répartir le travail en fonction des besoins et des compétences de chacun.

Dans les jours qui ont suivi cette catastrophe prévisible, nous avons fait une proposition de collaboration à nos confrères

Américains via les organisations professionnelles des États touchés et également quelques autres États importants, l'État de New York notamment. La réponse, quoique courtoise, a été de nous expliquer que là-bas en Amérique, vue la spécificité de ce pays, ils pouvaient gérer eux-mêmes le problème ! Là encore, les Américains ont essayé de nous expliquer que : « Ici, ce n'est pas comme ailleurs ! » Comme si l'humain pouvait être différencié... C'est presque comique : toujours ce réflexe de protection, partout le même sentiment d'être autrement !
Non ! En différentes régions de France, et ensuite dans de nombreux pays, on a essayé de m'expliquer cela, mais en vain ! C'est un réflexe normal de protection, une réponse courtoise de ceux qui sont dans la difficulté et qui pensent maîtriser les solutions, parce qu'ils s'estiment « différents »... Alors, nous avons fait parvenir différents documents aux Américains en leur proposant de travailler en relation avec les autorités pour assister les populations sinistrées : à mon grand regret, aucune suite n'a été donnée...

J'avoue avoir été très surpris par le manque complet d'efficacité du FIMA. Cette organisation fédérale Américaine a pour fonction de gérer les désastres aux États-Unis et c'était pour moi un modèle... jusqu'à Katerina ! Mais dans ce cas, elle s'est avérée complètement inadaptée. De même, politiquement et humainement, envoyer la garde nationale lorsque les gens sont en situation difficile et qu'ils ont faim, c'est pour le moins maladroit !

L'organisation d'un réseau international est complexe mais possible : encore faut-il un réel effort de tous. Les problèmes majeurs proviennent des différences de langues, donc de la communication, des décalages horaires donc des déphasages géographiques, et enfin des différences culturelles. Sur ce dernier point par exemple, une traduction littérale du Français en Anglais, peut donner une tournure extrêmement agressive à un courrier un peu formaliste... Il faut donc, en quelque sorte, "apprendre à se comprendre"...

Notre ambition consiste à organiser - conjointement avec les Australiens et avec les Mexicains - un réseau international. Les Mexicains, les Canadiens et les Américains (ces deux derniers devraient nous rejoindre d'ici peu) constitueront le bloc opérationnel et aussi une structure pour lever des fonds sur ce continent.

Dans cette partie du Monde, notre marge de progression vers l'efficacité demeure importante : c'est l'un des enjeux majeurs du développement des actions des "Architectes de l'Urgence" dans le proche avenir.

Alice et son staff : logistique centrale

Une organisation telle que la nôtre ne peut évidemment se montrer performante sans une gestion logistique et administrative efficace, capable notamment de répondre au téléphone 24h sur 24. Depuis notre création, une équipe aujourd'hui expérimentée et très réactive la gère sous toutes ses formes : transport, organisation des déplacements, obtention des visas, vérification des documents administratifs, remboursement des frais, paiement des indemnités, assurances, retours, changements de billets, annulations, extensions des visas, dates des billets, gestion des programmes, recherche de financements, communication... Nous savons malheureusement que les catastrophes surviennent souvent en fin de semaine ou en pleine période de vacances ! Le « staff » administratif supporte le premier choc - toujours le premier au feu - s'efforçant de collecter les meilleures informations pour dégager les opérationnels des problèmes matériels préalables à leur départ. La consigne très claire - priorité absolue au terrain - ne signifie pas que les opérationnels disposent de toutes les prérogatives, mais que les permanents du siège doivent régler les détails techniques, notamment les réservations d'avions et les accueils éventuels dans le pays d'intervention. Dans l'armée, la règle veut que pour un militaire engagé au front, trois travaillent à son soutien logistique ; dans l'humanitaire - nous le vérifions pour nous - ce sont plutôt cinq personnes sur le terrain et une personne (voire une "demi") en soutien logistique. Nos ressources budgétaires limitent évidemment notre structure administrative, c'est-à-dire notre logistique centrale.

En 2001, juste après l'explosion de l'usine AZF à Toulouse, les financements cumulés provenant de nos interventions dans la Somme et à Toulouse nous ont permis la création d'un premier poste pour gérer l'administratif ; c'est ainsi que Jean-Paul Bertiaux a « débauché » Alice Moreira (qui s'ennuyait un peu dans la fonction de chargée de développement d'un service de communication de la Ville d'Amiens...) pour lui confier le poste de chargée de la communication et de la gestion administrative de la structure naissante. Très efficace, elle met à jour la partie administrative de la structure en quelques semaines. Mais très vite, nous lui adjoignons une assistante, car Alice se trouve débordée par nos interventions multiples qui augmentent sa charge de travail. Par la suite, des stagiaires, comme dans beaucoup d'ONG, nous aident, parfois d'une manière très significative : nous tenons à leur témoigner notre reconnaissance.

La structure actuelle, réduite sur le plan administratif, comporte une poignée de permanents spécialisés, compétents et motivés travaillant d'arrache-pied à toute la gestion quotidienne.

Il arrive que des architectes montrent leur surprise d'avoir affaire à une femme qui n'est pas Architecte alors que leur compétence - supposée - mériterait de plus grands égards ! En réalité, cette femme c'est Alice, mon second dans la structure : elle sonde, « sent » intuitivement les gens, et se trompe rarement sur les capacités des personnes... Souvent, elle me dit : « Celui-là (ou celle-là), je le « sens » mal »..." ou, à l'inverse : « C'est quelqu'un de sympa, ça devrait aller »...

« Architectes de l'Urgence » s'est développé en grande partie grâce à l'implication de ses membres bénévoles, salariés et volontaires ; Alice a constitué sans aucun doute l'une des pièces maîtresses de ce développement par son sérieux, sa rigueur et son travail. Elle occupe aujourd'hui la fonction de responsable administratif et financier. Parallèlement elle chapeaute la communication ainsi que les Ressources Humaines. Par ailleurs, sa maîtrise de quatre langues - parlées couramment - constitue également un précieux atout dans nos relations internationales et au service de notre développement.

La qualité du recrutement, c'est-à-dire la gestion des ressources humaines - condition d'un travail d'équipe efficace - constitue notre problème quotidien, répétitif. Pour cela, une personne presque à plein temps, Christine Coze, assure un travail considérable avec l'assistance intermittente d'Alice ; il m'appartient de prendre les décisions finales. Nous recevons entre cinquante et cent *curriculum vitæ* par mois ; parfois, par exemple au moment du tsunami, en Janvier 2005, cela s'élève à près de deux cents. La motivation du demandeur constitue le critère déterminant du « tri » : désir de « vacances humanitaires » ou volonté de servir notre cause au profit des sinistrés ? Le financement reste le problème majeur, car si je me trompe dans le recrutement - par exemple, la personne intervient en mission une semaine alors que la prévision portait sur trois mois ou six mois - je grève le budget avec le poids des charges diverses engagées :

charges de personnel, billets d'avions, etc. Quand une telle erreur survient, bonjour l'ambiance dans l'équipe des décideurs ! On s'en veut tous un peu, évidemment...

Deux personnes, à temps partiel, assurent la gestion financière, plus exactement le suivi des dépenses des différents programmes. Il s'agit de Pascal Simon, notre comptable en interne, qui suit avec attention les missions au fur et à mesure de l'arrivée des documents administratifs ; par ailleurs, il initie Cecilia, tout juste sortie de l'école il y a quelques mois, à la mise en place de la comptabilité analytique de l'ensemble de l'organisation.

Les ressources financières - « le nerf de la guerre » - occupent une place évidemment déterminante dans notre stratégie des interventions. Il convient de maîtriser, autant que faire se peut, les recettes et les dépenses et je surveille donc continuellement, à distance et en temps réel, l'évolution des différents postes budgétaires. Notre structure administrative - en y intégrant le poste important constitué par la communication - représente entre 10 % et 12 % des recettes annuelles, proportion très raisonnable eu égard à sa taille. Notre vigilance porte particulièrement sur la surveillance des frais de structure que nous limitons à chaque mission.

La gestion de la structure peut se comparer à celle d'une entreprise privée, à cette différence essentielle cependant : nous réinvestissons les « bénéfices » dans d'autres actions au lieu de les distribuer à des associés... Notre gestion courante - contrôlée de fait par tous nos donateurs et bailleurs de fonds - allie rigueur et professionnalisme ; notre structure ne vit pas au-dessus de ses moyens ; notre personnel compétent et très impliqué représente ainsi un gage de sérieux. Qu'un donateur ait apporté 30 euros ou 1 million d'euros, cela doit nous mener à une reddition de comptes sérieux et fidèles. En regardant nos donateurs droit dans les yeux, nous pouvons leur dire que nous avons utilisé leurs fonds conformément à leur demande : c'est là l'éthique que je véhicule auprès de tous mes collaborateurs !

Conclusion

Considérés au tout début comme des poètes, des illuminés, des « dingues », nous avons en vrais pionniers défriché cette « terre de mission », pourtant simple, d'architectes urgentistes ; elle n'avait, avant nous, pas rencontré d'échos autres que des sourires amusés, plutôt moqueurs, de confrères qui ne croyaient pas un instant à cette idée de travailler différemment dans l'urgence.

Le seul architecte qui a, avant nous, travaillé sur le thème de l'urgence, c'est Shigeru Ban. Il a été le premier à travailler et à réaliser vraiment de l'habitat d'urgence à base de tubes en carton. Shigeru, que je connais assez bien, nous a montré la voie ; nous avons développé ce concept, étudiant tous les problèmes de mise en sécurité et les évaluations.

J'ai mis dans les « Architectes de l'Urgence » l'extraordinaire expérience de la course au large, de la survie en mer à laquelle j'ai été confronté quelquefois. Ma ligne de conduite intangible consiste à ne pas placer des personnes dans des situations que personnellement je ne saurais contrôler, ou pour le moins supporter. Lorsque j'ai participé à des raids « aventure », comme le "Raid Gauloises" ou la « Southern traverse » en Nouvelle-Zélande, j'ai appliqué en terrestre ce que j'avais appris en mer, à une variante près : en mer, on ne peut pas s'arrêter, et ce n'est pas un détail ! Lorsque j'assume la responsabilité d'envoyer des personnes en mission, je suis conscient de ce que je fais ; le seul risque que je prends, c'est sur la personne elle-même, sa faculté d'adaptation à une situation (les aléas d'une réplique lors d'un séisme, par exemple), le manque de confort parfois. En mer, notamment en solitaire, le mental joue un rôle essentiel et l'anticipation et l'improvisation constituent souvent la condition de la survie : il faut constamment prévoir le pire, pour disposer de solutions de sortie et ne jamais - vraiment jamais ! - tomber à la mer...

En fonction de l'âge - donc de l'expérience - de ses caractéristiques physiques et de son éducation, l'adaptation de l'individu à un nouveau milieu apparaît plus ou moins aisée. De plus, certaines aptitudes, souvent innées, permettent de gérer le stress. Il en va de la survie de notre organisation : notre volonté de faire « avancer la machine » nous conduit à une extrême vigilance sur la capacité des gens à se projeter sur une mission. On comprend bien que tous les volontaires ne pourront donc prétendre à partir sur des missions à l'étranger. Mais leur engagement s'avère aussi utile en France, près de chez eux - ou en Europe - car nous manquons cruellement de relais dans les régions et ils peuvent nous aider à animer un réseau d'adhérents et aussi de donateurs. Dans le processus de gestion d'une crise importante, nous manquons fréquemment de représentants en nombre suffisant, d'une part pour présenter nos actions en vue de lever des fonds pour l'aide à la reconstruction et, d'autre part, pour informer le public sous la forme de conférences sur les avancements des programmes en cours.

On me fait la réputation d'être « un dur » ! Oui, dur au mal car le sport m'a appris cela. Mais je n'accepte pas l'injustice et j'essaie de m'adapter aux différentes personnalités en fonction des événements. Je m'efforce de dissimuler mes faiblesses - qui n'en a pas ? - mais cela ne signifie pas que je suis incapable de sensibilité ! J'aurais pu régler des comptes avec certains opposants utilisant des méthodes lamentables où la bassesse le dispute à la mesquinerie ; je préfère leur manifester mon profond mépris. Et pourtant, mon activité au service d'« Architectes de l'Urgence » m'a coûté très cher sur le plan professionnel : plus la structure d'« AU » a progressé, plus le chiffre d'affaires de mon agence personnelle d'architecture a diminué ! En trois ans, il a été divisé par quatre ! J'ai payé au prix fort la jalousie consécutive à la réussite de cette belle aventure... Néanmoins, je suis toujours debout ! En outre, loin de la course au large, dans un registre différent, j'ai vécu quelque chose de fort : profiter de la griserie du "témoin de l'actualité du Monde" et essayer de faire changer un peu les choses.

Convaincu depuis le début du bien-fondé de ce nouveau métier, j'ai investi toute mon énergie dans cet engagement en drainant des gens passionnés et nous avons réussi à faire exister et reconnaître cette réelle compétence au niveau international. L'accouchement de cette compétence ne s'est pas toujours fait sans mal, parfois un peu dans la douleur, mais cela fait partie de la vie ; à plusieurs reprises, la structure fragilisée par sa jeunesse a subi des sautes d'humeur, mais elle est toujours là, bien vivante et prête à le montrer.

Sur le plan juridique, notre Association est régie par la loi de 1901 - un peu dépassée... - laquelle ne fait pas de différence entre une association de quatre copains jouant au tennis et une organisation comme la nôtre ! En effet, l'aspect très démocratique du Code des Associations rend les structures associatives très souples et donc très fragiles. Une assemblée générale un peu agitée peut procéder à des changements d'administrateurs et de président et l'avenir varier du jour au lendemain ! Rappelons en outre qu'une association ne poursuit aucun but lucratif et ne peut donc générer des bénéfices, c'est-à-dire que les budgets des associations sont à dépenser en totalité chaque année afin d'obtenir un compte de résultat à solde nul ! À plusieurs reprises, nous avons reçu en fin d'année (le 24 Décembre) des dons importants que nous devions dépenser en une semaine ! Ainsi, nous souhaiterions par exemple stocker du matériel pour une intervention à venir, mais sans pouvoir préciser le lieu ni le moment mais cela nous a été - à juste titre - formellement interdit par notre commissaire aux comptes. Une autre préoccupation résulte du fait que la pérennité d'un partenariat avec des institutions, des fondations et même des donateurs privés se complique dans la mesure où ne pouvons assurer la stabilité dans le temps.

La rigidité de cette structure associative imposée par la législation en vigueur conduit à une gestion financière annuelle très contraignante. La parade que nous avons trouvée consiste à créer une fondation reconnue d'utilité publique. Avec l'Ordre des Architectes - qui nous apporte une aide déterminante pour la formation du capital initial - nous attendons l'avis du Conseil d'État sur la « Fondation Architectes de l'Urgence reconnue d'utilité publique ». Normalement, avec cet outil plus adapté à notre fonctionnement, nous devrions pouvoir faire grandir la structure d'intervention et vraiment pérenniser le « travail de terrain ».

Il y a urgence à faire évoluer les choses : nous savons par expérience et par les données statistiques que, en moyenne, dans le Monde, deux catastrophes se produisent chaque année... Désormais, nous avons la compétence, la rapidité d'intervention et la compréhension des catastrophes ; nous progressons donc en efficacité dans notre nouveau métier d'urgentistes. De plus en plus, on nous demande d'intervenir dans le cadre de conférences auprès d'un public d'architectes pour expliquer notre domaine de compétence. Relayées au niveau international par des organisations comme l'UIA, nos interventions sont appréciées et sollicitées de telle sorte que nous, les « roturiers » de l'architecture, nous qui construisons au profit de ceux qui ont tout perdu, là où personne ne veut aller, nous commençons à être reconnus par nos pairs !

La richesse de notre structure réside dans sa jeunesse : nos équipes présentent une moyenne d'âge inférieure à trente ans. Je préfère former des jeunes, car leur insouciance, leur dynamisme, leur capacité à s'adapter et à apprendre se gèrent plus aisément ! Aujourd'hui, les responsables des missions n'ont pas trente ans et s'en sortent plutôt bien même si, de ce fait, nous devons les encadrer plus fermement.

La prise en compte de l'augmentation du nombre d'individus sur la planète et le respect de l'écologie constituent les enjeux majeurs d'un bon développement durable. Nous devons absolument nous positionner dans ce domaine de compétence - car c'en est un - et être performants dans notre métier en évitant de suivre les différents lobbys, notamment ceux des fabricants de matériaux. Évidemment, le relogement des sinistrés constitue en soi une urgence à intégrer dans les grandes problématiques de développement.

Avec nos amis australiens, nous avons ouvert en Mars 2006 notre première représentation à l'étranger ; sous l'impulsion d'Andrea et Lawrence Nield, le défi à relever consiste à répartir les hommes sur le terrain sous une même appellation : « Emergency Architects ». Parallèlement, nous voulons développer par des campagnes de levée de fonds l'internationalisation de la structure.

Je lutte énergiquement - je me bats même parfois - pour que notre organisation ne s'acoquine pas avec des organisations politisées « alter mondialistes » ou, dans un autre contexte, religieuses intégristes. Notre force réside dans notre engagement de professionnels auprès des populations sinistrées et démunies. Nous prenons surtout bien garde de ne pas confondre notre domaine d'action par excellence, à savoir l'humanitaire, avec les sommets politiques « alter mondialistes ».

Par boutade, lorsque l'on me demande quel cheminement m'a conduit à l'architecture, je réponds que c'est par dépit parce que j'ai raté le métier de boucher charcutier, qui était celui de mon père...

Mes projets personnels ? Pour pimenter un peu ma vie, j'envisage de faire le tour de nos chantiers à moto, de Paris jusqu'en Australie, et de revenir à la course au large en multicoque, car les embruns me manquent, les grands espaces aussi... ; de plus, pour garder la forme, j'envisage quelques raids à travers le Monde... on verra !

« Et pourquoi faites-vous tout cela, alors ? » demandent les journalistes.
Il y a trois raisons, dont deux en liaison avec l'humanitaire :
- En 1941 - en pleine guerre - ma mère a séjourné en Suisse sous l'égide de la Croix Rouge à la suite de la mort de son père ; elle a été chaleureusement accueillie par une « marraine de guerre » ainsi que deux de ses sœurs.
- En 1954, mon père a été recueilli par le Comité International de la Croix Rouge au Nord du Viet Nam. Il avait été fait prisonnier à Diên Biên Phu quelques mois auparavant.
- Et... sans aucun rapport, je fais aussi cela pour le « fun » !

Et un peut-être aussi parce que « Freedom is French », merci à Monsieur Henri Miller.

Patrick COULOMBEL, « roturier » de l'architecture.

Broome, Western Australia, le 13 novembre 2006.

La totalité des droits d'auteur de cet ouvrage sera reversée à la Fondation « Architectes de l'Urgence » et affectée en priorité à l'éducation des orphelins de nos employés sri-lankais, et à l'éducation en général.

Merci à Tazar et Tazar.

Informations diverses concernant les « Architectes de l'Urgence » après cinq années d'existence :

- Près de 350 adhérents, membres actifs.
- Interventions dans 19 pays.
- 1358 Architectes et ingénieurs de 23 nationalités ont travaillé pour nous.
- Présence actuelle sur 6 missions d'aide à la reconstruction, avec 342 personnes employées de 12 nationalités différentes.
- En 2005-2006 : construction de 366 maisons (500 sont planifiées pour 2007), 5 écoles, 38 bateaux de pêche, divers équipements pour la pêche.
- En 2005, financement par des fonds privés à hauteur de 78 %.
- Travail en partenariat avec trois agences des Nations Unies : UN Habitat, UNOSAT et WWF.

Les reconnaissances nationales et internationales obtenues en 2006 :

Le Ministère des Affaires Étrangères français avec lequel nous avons signé un agrément pour la signature de contrats de volontariat de solidarité internationale.

La Commission Européenne – signature d'un accord cadre partenariat avec ECHO (Direction générale de l'Aide humanitaire de la Commission européenne)

Les Nations Unies – attribution du statut consultatif auprès d'ECOSOC et collaboration régulière avec différentes de leurs agences telles que UN Habitat ou PNUD (Programme des Nations Unies pour le développement) par exemple.

Prix internationaux reçus :
Architectes de l'urgence a été récompensé à 2 reprises par 2 prix internationaux pour la qualité de ce programme de reconstruction Post tsunami en Indonésie :

Le **IFI AWARD 2005** (International Federation of Interior Architects and Designers) pour la qualité du Design au service de l'Humanité

Le **Trophée IMERYS International** qui soutient les initiatives exemplaires en matière de Développement Durable.

Formations à l'urgence :

Depuis octobre 2003 : Formation optionnelle à l'École d'Architecture de Paris-Belleville en quatrième année.
« Enseigner l'urgence aux Architectes : Risques majeurs et gestion des catastrophes »

Depuis 2004 : Sessions de formation aux professionnels Architectes qui souhaitent être informés sur notre travail.

Depuis octobre 2006 : Formation post diplôme DSA « Architecture sur les risques majeurs » à l'École d'Architecture de Paris-Belleville, sous la direction de Dominique Druenne, professeur à l'école d'architecture de Paris Belleville et en charge de la formation pour Architectes de l'Urgence.

Personnes citées dans cet ouvrage

ADRIAN Jean Christophe
ALET Dominique
ALMUDEVER Joseph
ANTOINE Pierre
BAA Mhedi
BELLE Corinne
BENLEVI Marc
BERTIAUX Jean Paul
BOUCHEMAL Abdelahim
BOUVIER Guy
BRIERE Olivier
CANAL Jacques
CARTIGNY Alexis
CHARLES COUDERC Catherine
CHARLESWORTH Esther
CHARRITAT Étienne
COLO Clément
COMBES Christian
CORTES José Luis
COZE Christine
CURTIS Romain
DA SILVA Lalith
DAS Bernard
DENIER Thierry
DE TRUCHIS Hervé
DIDINE
DIEBOLT Vanda
DJILANI Lazhar
DODDS Robbie
DROUSSENT Delphine
DRUENNE Dominique
DUFOUR Simone
FAVINI Francesca
FROZ Ashmat
FUSILS Gérard
GAGNOT Romain
GALLEGO Manon
GERBER Jérôme

GUNOT Serge
HACQUIN Raphaël
HANIN Florence
HENRION Benoît
HESS Laurent
HOUCKE Ivar
ITZAK Lipovetsky
JOURNALIS
JUSTIN Yves
HOSSEIN Sarem Kalali
KOCLEJDA Alexandre
KONOPKA Antoine
LANDES Erick
LERNER Jaime
LEROY Richard
MARONESE Guy
MARTIN Mickaël
MARTINET Thierry
MEAR Alain
MERIL Stéphane
MINEAU Alexandre
MINVIELLE Jean Claude
MOREIRA Alice
MOULIN Marc
MOYAL Corinne
NIELD Andrea
NIELD Lawrence
NISARLI
PASCAL Jacques
PEYREBONNE Nicolas
PRIN Estelle
RAKOTOMALALA Jean
RAOULT Jean François
RIGUET Jean Claude
ROMIER Maud
SGOUTAS Vassilis
SIEW Gaëtan
SIMON Pascal
SPITZ Martin
STURDZA Serban

SUSINI Jean François
SYLVAIN Roland
THEMISTOCLE Charles
THEMISTOCLE Jean Louis
TROMME Jean Philippe
VINAY André
Monsieur WARDAK
ZAZECK Milan
ZORZAL Luciana

REMERCIEMENTS

Je tiens donc à remercier tous les partenaires et donateurs des Architectes de l'urgence pour leur soutien fidèle sans lequel rien n'aurait été possible.

- Archibat, Dominique NOEL.
- Atelier d'architecture CARDETE HUET,
- Compagnie des Architecteurs,
- L'association des Maires d'Ile de France, Claude PERNES.
- L'association Patrick Bourrat « Pour que l'école continue », Pierre BONNIER,
- Autodesk, Cesyam et Nemetscheck,
- La COFACE,
- La Communauté de Communes des Yvelines, Bernard BATAILLE et Henri Hoellinger,
- Le Conseil National de l'Ordre des Architectes Français, Bernard FIGIEL,
- Le Conseil Européen des Architectes, Jean François SUSINI,
- Les Conseils Régionaux de l'Ordre des Architectes Français,
- Les Conseils Régionaux du Languedoc Roussillon, Georges FRECHE, du Nord-Pas-de-Calais, Daniel PERCHERON, de Picardie, Claude GEWERC, de Midi-Pyrénées, Martin MALVY, de Provence Alpes Cotes d'Azur, Michel VAUZELLE, des Pays de Loire Jacques AUXIETTE, et de Rhône Alpes, Jean Jack QUEYRANNE.
- Le Conseil International des Architectes Français, Albert DUBLER,
- Les différents Conseils de l'Ordre étrangers qui nous ont aidés, soutenus et suivis, notamment le Royal Australian Institute of Architects, l'Ordre des Architectes du Québec, el Colegio de Arquitectos de México, ainsi que les organisations professionnelles des Architectes d'Allemagne, du Pakistan, d'Algérie, du Bangladesh, d'Haïti, d'Indonésie, d'Iran, du Maroc, du Liban, de Roumanie, du Sri Lanka, Lalith De Silva, de Tunisie, de Turquie, de Hollande.
- Le Crédit Agricole Solidarité et Développement, Alexis GUEHENNEUX et Franck DARGENT.
- Le Crédit Mutuel, Denis VINCENT.

- La Croix Rouge Française, Pierre LACOUR et Antoine PETIBON.
- La Direction Départementale de l'Équipement de Midi-Pyrénées,
- ECHO, European Commission's Humanitarian Aid Office,
- L'entreprise DAS, Bernard DAS,
- L'entreprise GEPSA,
- L'entreprise IMERYS TC, Pierre JONNARD, Ivan BALAZARD et Christian De BACKER.
- La Fondation Abbé Pierre, Dominique Cécile VARNAT,
- La Fondation de France, Bertrand DUFOURCQ, Jean Claude FAGES et Martin SPITZ,
- La Fondation rainbow bridge, Franck DARGENT et M COHEN
- La Fondation VEOLIA Environnement,
- Philippe GALLOIS,
- Le Lion's Club de Béziers,
- Le Lion's Club d'Enghien, Jean Claude SAUVAGE.
- L'agence d'Architecture Maîtrise et Concept,
- La Mairie d'Amiens,
- La Mairie de Toulouse.
- Le Ministère de la Culture et de la Communication, Vanda DIEBOLT.
- Le Ministère des Affaires Étrangères,
- La Mutuelle des Architectes Français, Michel GRANGE,
- Le Comité d'Entreprise NESTLE WATERS France,
- La Préfecture du Gard,
- La Mairie de Sathonay Camp,
- Jacques PICHON,
- Le Rotary Club Toulon Levant Œuvre,
- SAS ORE,
- Le Sénat Français, Christian PONCELET et Alain MEAR,
- L'entreprise SOMFY, Jean Michel JAUD,
- Le Syndicat de l'Architecture, Patrick COLOMBIER,
- L'agence d'architecture TOPOS ARCHITECTURE,
- UN Habitat, Jean Christophe ADRIAN,
- UNOSAT, Alain RETIERE,
- L'Union Internationale des Architectes (UIA), Gaëtan SIEW, Jean Claude RIGUET et Jean François QUELDERIE,

- L'Union Nationale des Syndicats Français d'Architectes, François PELEGRIN et Dominique RIQUIER-SAUVAGE,
- Luc WEIZMANN,
- Association ZONTA Club de Béziers.

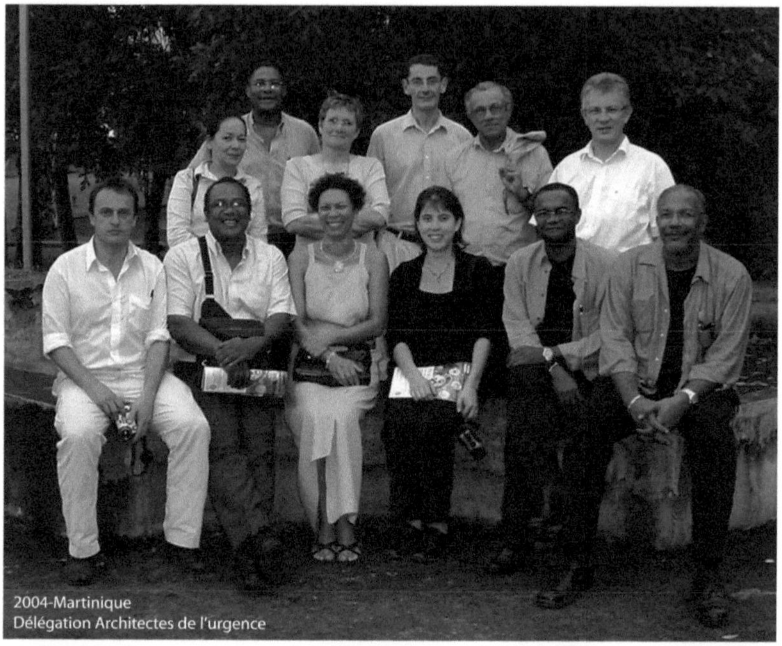

2004-Martinique
Délégation Architectes de l'urgence

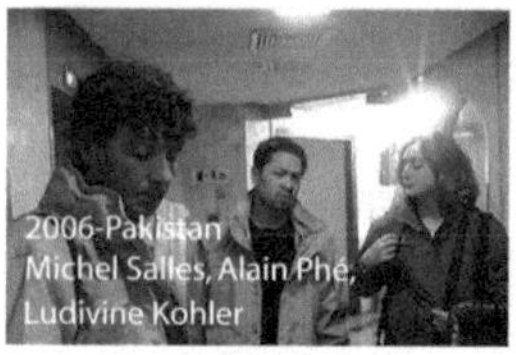

2006-Pakistan
Michel Salles, Alain Phé,
Ludivine Kohler

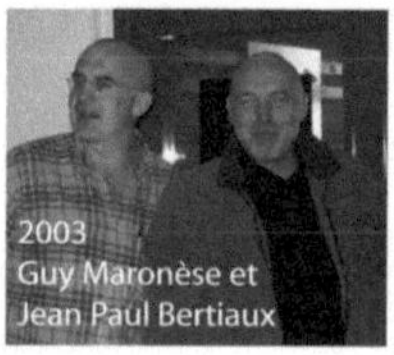

2003
Guy Maronèse et
Jean Paul Bertiaux

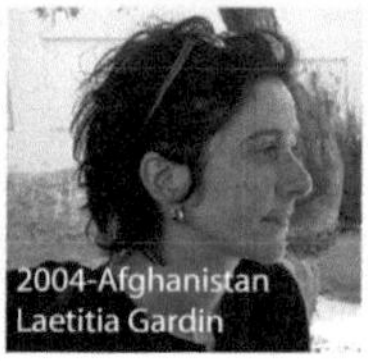

2004-Afghanistan
Laetitia Gardin

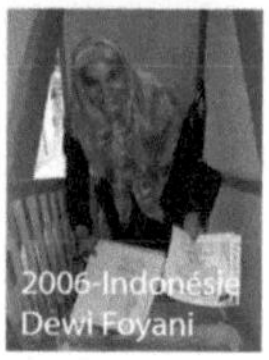

2006-Indonésie
Dewi Foyani

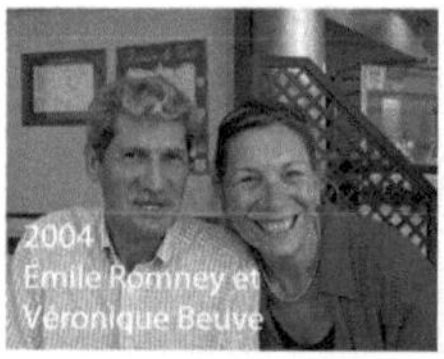

2004
Emile Romney et
Véronique Beuve

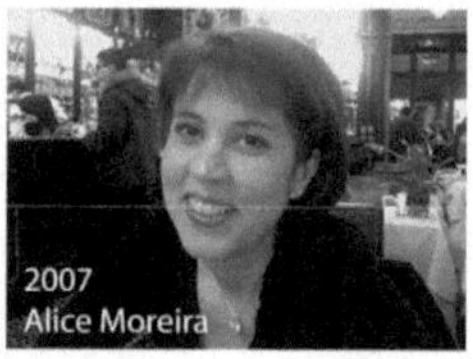

2007
Alice Moreira

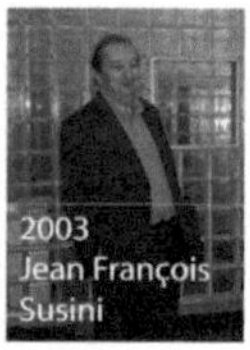

2003
Jean François
Susini

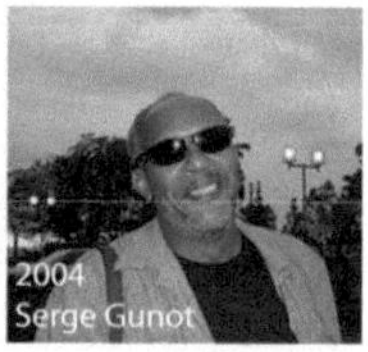

2004
Serge Gunot

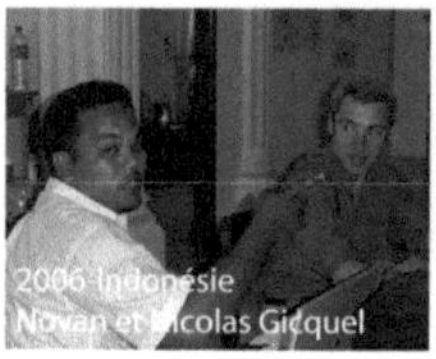

2006-Indonésie
Novan et Nicolas Gicquel

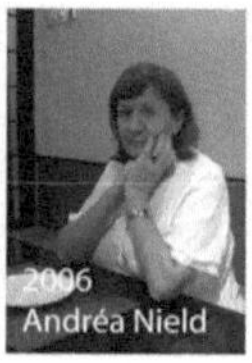

2006
Andréa Nield

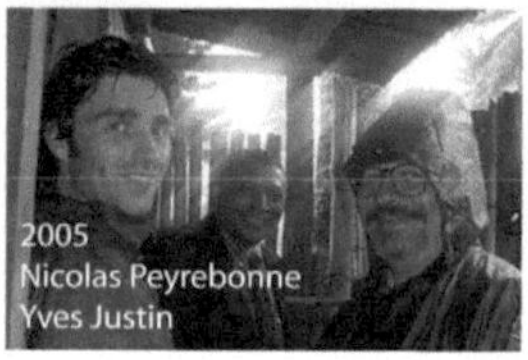

2005
Nicolas Peyrebonne
Yves Justin

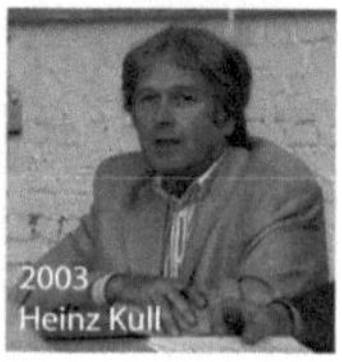

2003
Heinz Kull

photos **architectes** de l'urgence

2006-Afghanistan
Ashmat Froz

2004-Haiti
Serge Gunot

2003-Algérie
Lazhar Djilani et "Didine"

2006-Liban
Dominique Alet

2005-Pakistan
Distribution de tentes aux sinistrés
Au centre: Thierry Martinet

photos **architectes** de l'urgence

2007-Indonésie Java
Equipe expatriée et travailleurs locaux

2004-Ile de la Réunion
Yves Justin, Etienne Charritat et
Patrick Coulombel

2003-Algérie
Yves Justin, Corinne Belle et Malik Aït Amara

Indonésie Java
Visite Fondation Abbé Pierre

2004-Haïti
Serge Gunot

photos **architectes de l'urgence**

2002-Afghanistan
Au centre: Simone Dufour

2004-Bangladesh
Au centre: Hossein Kalali UNDP

2002-Gard
Les architectes de l'urgence viennent en aide au populations sinistrées par les inondations.
photo Michel Gasarian

2006-Indonésie Java
Chantier de reconstruction
Au centre: Alexis Cartigny

2004-Maroc
Photo groupe intervenants sur mission d'évaluation

photos **architectes** de l'urgence

2006-Pakistan
A gauche: Alexandre Koclejda

2005-Pakistan
Enfant sinistré et Manon Gallego

2002-Roumanie
Marc Benlevi et Catherine Charles Couderc

2005-Pakistan
Mission d'évaluation

2007-Indonésie Sigli
Novan et Jean Philippe Tromme

photos **architectes** de l'urgence

2005
Vincent Poiré, Patrick Coulombel et
Alain Nguyen

Indonésie Sigli
Programme de reconstruction post tsunami

photos **architectes** de l'urgence

2004-Maroc
Mission d'évaluation séisme Al Hoceima

2005-Pakistan
Patrick Coulombel discutant avec deux sinistrés et Manon Gallego

2005-Pakistan
Distribution des guides de construction parasismique

2005-Indonésie Sigli
Ouvriers sur chantier de reconstruction

2006-Indonésie Sigli
Barbara Bottet et Dewi lors d'une remise de maisons

photos **architectes** de l'urgence

2007-Asie du Sud Indonésie
Ecoles reconstruites et enfants

L'Harmattan, Italia
Via Degli Artisti 15 ; 10124 Torino

L'Harmattan Hongrie
Könyvesbolt ; Kossuth L. u. 14-16
1053 Budapest

L'Harmattan Burkina Faso
Rue 15.167 Route du Pô Patte d'oie
12 BP 226
Ouagadougou 12
(00226) 50 37 54 36

Espace L'Harmattan Kinshasa
Faculté des Sciences Sociales,
Politiques et Administratives
BP243, KIN XI ; Université de Kinshasa

L'Harmattan Guinée
Almamya Rue KA 028
En face du restaurant le cèdre
OKB agency BP 3470 Conakry
(00224) 60 20 85 08
harmattanguinee@yahoo.fr

L'Harmattan Côte d'Ivoire
M. Etien N'dah Ahmon
Résidence Karl / cité des arts
Abidjan-Cocody 03 BP 1588 Abidjan 03
(00225) 05 77 87 31

L'Harmattan Mauritanie
Espace El Kettab du livre francophone
N° 472 avenue Palais des Congrès
BP 316 Nouakchott
(00222) 63 25 980

L'Harmattan Cameroun
BP 11486
Yaoundé
(00237) 458 67 00
(00237) 976 61 66
harmattancam@yahoo.fr

651286 - Avril 2016
Achevé d'imprimer par